データブック

人口

西川 潤

岩波ブックレット No. 733

はじめに

二一世紀はグローバル化がもたらす問題がいろいろなかたちで現れてきているが、これらの中でも、人口問題が基本的な問題の一つであることは疑いを入れない。

途上国の人口増加の勢いが考えられていたようには下がらず、開発の足を引っ張ることを心配する声が高まっている。実際、現在(二〇〇八年)六七億人の地球人口は二〇二〇年には七六億人、そして次の世代が働きざかりとなる二〇三五年には八五億人となるだろう。

他方、先進国では少子高齢化が進行している。

日本の場合には、一人の女性が生涯に産む子ども数が一・二六(二〇〇五年)にまで下がり(二〇〇六年には一・三二とやや回復)、二一世紀の早い時期(二〇〇七年)から人口減少が始まっている。少子化は――人口増加と同様に――いまの社会の特徴を典型的に表す問題である。

高齢化は、労働力不足や社会保障負担の増大、赤字財政等、大きな問題を投げかけている。日本でも二〇〇三年の少子化社会対策基本法成立以来、担当大臣も置かれ、少子化・高齢化社会対策が始まっている。

人口問題は、たんに人口増加の問題にとどまらず、わたしたちの生や死、資源や環境、社会の高齢化や雇用など人口構成、また都市化など人口分布に関連したいろいろな問題、そして国際政治や経済の問題と密接に結びついている。そのため国連も、一九七四年以来、定期的に国際人口会議を開催し、人口と開発の関係を検討している。

先進国の高齢化、労働力不足問題の結果、南の途上国から北の先進国への労働力移動も急激な勢いで進んでいる。すでに資本の移動は国境を越え、グローバル化の時代を出現させているが、労働力の移動は「下からのグローバル化」、「一つの地球」時代を導きつつあるのだろうか。また、世界的な都市化、地方の過疎化という現実への圧力はどうだろうか。今日ますます「一つの地球」問題が重要になってきている。

今日の人口問題とは何か、世界的規模での人口問題がわたしたちと、そしてわたしたちの明日にどういう問題を投げかけているかを、考えてみたい。

第1章　八五億人の地球

「地球の定員」はどのくらいだろうか？

こうした問いが、わたしたちの周囲でもよく聞かれる。

もちろんこうした問いには絶対的な答えがあろうはずもない。「定員」とは、人口と食料や、人口と資源の関係でどうにでも変わってくるからである。そして、食料や資源の生産は、そのときの社会の人口を含めた生産力により、つねに変わってくる。一九世紀末の日本では人口が四〇〇〇万人を超え「過剰人口」が問題となり、海外に移民の波を送り出した。だが今日、一億三〇〇〇万人近い人口を誇る日本では誰も「過剰人口」を心配しようとはせず、少子化時代に入ったことによる「労働力不足」が憂慮されている。

また、「定員」とは社会のあり方によっても異なってくる。古代ローマ人はガレー船（古代の軍艦）で航海するとき、船倉《せんそう》に鎖でつながれてオールをこぐ数百人の奴隷たちを乗客数には数えなかっただろう。しかし、いったん奴隷たちが反乱を起こして船上に座を要求し始めると、この船の「定員数」がたちまち問題となるにちがいない。

二一世紀に入った世界では、人口問題は主として二つの形で現れている。

第一に、先進国では経済成長率が下がるにつれて、少子化・高齢化と労働力不足、ふえる高齢者を少ない生産年齢人口でどう養っていくか、同じく増加する一方の移民労働力をどう社会的に統合するか、といった問題がクローズアップされてきている。

第二に、かつて先進国の植民地だった国々が独立して国際的な発言権を獲得していくのと同時に、これら南の途上国の人口が、先進国の二倍に及ぶピッチで増加している。この事実を目の当たりにするとき、人口増加と開発や環境のバランスはどうなっているのか、人口増加が貧困や環境破壊の原因となっているのではないか、また「地球の定員」はそもそもどのくらいだろうか、と憂慮する声も上がってきている。

これら二つの問題(少子高齢化と人口増加)はそれぞれ別個の問題のようにみえるが、実は相互に関連している。

なぜなら、世界のいまの経済システムからすると、富裕な先進国、また途上国でもＮＩＥＳ(Newly Industrializing Economies；新興工業地域、韓国、台湾、香港、メキシコなど)や中高所得国では、経済が成熟して人口増加率の伸びも下がり、おのずと少子高齢社会に移行する。それにたいし、これら先進国に資源、食料や労働力を輸出している貧しい途上国では、貧困ゆえに死亡率も高く、これを補うために人口増加率も高いという現実が、残念ながらいまなお広汎にみられるからである。

だが同時に、今日の人口問題が、たんに高齢化や人口増加の問題にとどまらず、人口移動、人口分布、人口構成、人権、食料・資源・雇用などの面でさまざまな新しい問題をかかえていること、これらの解決のために国際協力が必要であるという認識が広まっていることも事実である。

表1　世界人口の推移(1750-1990年)及び将来予測(2025年まで)[※1]　(100万人)

年	世界人口計	先進地域[※2]	発展途上地域[※3]
1750	791	201	590
1800	978	248	730
1850	1,262	347	915
1900	1,650	573	1,077
1950	2,534	813	1,721
1960	3,032	916	2,115
1970	3,699	1,008	2,690
1980	4,451	1,083	3,368
1990	5,295	1,149	4,146
2000	6,124	1,194	4,930
2010	6,906	1,233	5,674
2025	8,010	1,259	6,751

(出所)　1750-1900年は，世界人口会議(ブカレスト)への国連事務総長報告；1950-2025年はUnited Nations, *World Population Prospects. The 2006 Revision*, New York, 2007.

※1　いずれも推定による中位値.

※2　先進地域は北アメリカ，西ヨーロッパ，東ヨーロッパ，オーストラリア，ニュージーランド，日本.

※3　発展途上地域はアフリカ，ラテンアメリカ，アジア，大洋州(オーストラリア，ニュージーランドを除く).

それゆえ、国連の場でも、一九七四年のブカレスト会議の開催と世界的規模での行動計画の採択に始まり、一九八四年のメキシコ、一九九四年のカイロ、二〇〇四年のニューヨークと、人口と開発に関する特別総会が一〇年ごとに開催されてきた。わけてもカイロ会議で採択された二〇年間の行動計画は、今日に至る国連の人口関連の活動のベースとなっている。この間、当初の国連人口活動基金(United Nations Fund for Population Activities; ＵＮＦＰＡ)が、一九八七年に国連人口基金(United Nations Population Fund; 略称はＵＮＦＰＡのまま)と改称されて、従来の家族計画普及の機関から、「性と生殖の健康と権利」(Reproductive Health and Rights)、ＨＩＶ／エイズ対策等、人権と開発の関連を重視する機関に変わってきたことも、注目すべき人口にかんする国際アプローチの変化である。

もともと世界人口は、一八世紀頃には八～九億人程度であったとみられる。古代世界では、中国・エジプト両地域に世界の半分の人口(約一・一億人)が集まっていたが、地中海世界分裂以降はヨーロッパで人がふえ、ヨーロッパ世界の海外膨張と共にとりわけアメリカ大陸南部、アフリカ大陸の人口が激減して、一八世紀中ごろには今日の先進地域に相当する欧米の人口は二億人、アジア、アフリカ、ラテンアメリカでは六億人程度になっていた。このころまでは世界人口が二倍になるには一〇〇〇年ほどの期間がかかっていた。

産業革命後、ヨーロッパの人口は経済成長と共にかなり速い速度で伸び、二〇世紀初頭には先進地域五・七億人、発展途上地域一〇・八億人と、両地域の比率は三対五程度にちぢまった。第二次大戦後の一九五〇年においても、両者の比率は、いまだ一対二程度(八・一億対一七・二億)であった(**表1**)。一七五〇年の時点からみると、世界人口は一五〇年かかって二倍、一八五〇年の時点からは一〇〇年余かかって二倍となったことになる。

ところが一九五〇年以降、人口趨勢《すうせい》は大きく変わった。まず第一に、世界的に人口増加の波が高まり、第二には、それに伴い先進国では少子高齢化、途上国では経済社会発展の問題がクローズアップされてきたのである。

表2　世界の人口増加率の推移（%）

年	世界計	先進地域	発展途上地域
1800-1850	0.5	0.7	0.5
1850-1900	0.5	1.0	0.3
1900-1950	0.8	0.8	0.9
1950-2000	1.9	0.9	2.2
1950-1960	1.79	1.18	2.06
1960-1970	1.99	0.96	2.41
1970-1980	1.85	0.72	2.25
1980-1990	1.73	0.59	2.07
1990-2000	1.44	0.38	1.73
2000-2010	1.20	0.32	1.40
2010-2020	1.05	0.17	1.22

（出所） United Nations, *World Population Prospects. The 2006 Revision*, New York, 2007.

一九世紀をつうじて世界的な人口増加率は年〇・五%程度だった(**表2**)。だが、第二次大戦以降、人口増加率は年一・八〜一・九%程度にふえ、一九六〇年代には年約二%、一九八〇年代にはやや下がって年一・七三%であった。この人口増加率は二〇〇〇年代初めに

表 3　地域別人口の推移(1950-2150 年)　　(100 万人)

	1950 年	2000 年	2010 年	2025 年	2050 年	2075 年	2100 年	2125 年	2150 年
世界	2,538	6,123	6,907	8,183	9,365	9,319	9,459	9,573	9,746
先進国	816	1,193	1,243	1,271	1,260	1,087	1,042	1,033	1,061
ヨーロッパ・CIS	548	719	730	715	664	549	515	508	517
北米	172	316	349	393	445	390	388	390	398
大洋州	13	31	36	41	48	48	49	50	51
日本	83	127	128	122	103	100	90	85	95
発展途上国	1,722	4,930	5,664	6,912	8,105	8,232	8,417	8,540	8,685
サハラ以南アフリカ	180	680	867	1,194	1,760	2,077	2,215	2,264	2,308
北アフリカ	53	174	206	255	310	390	388	390	398
ラテンアメリカ・カリブ海	167	523	594	688	769	857	877	894	912
アジア	1,322	3,553	3,997	4,775	5,266	4,908	4,937	4,992	5,067
中国	555	1,270	1,351	1,446	1,409	1,386	1,340	1,338	1,361
インド	372	1,046	1,220	1,447	1,658	1,589	1,600	1,617	1,642

(出所)　UN, Department of Economic and Social Affairs, *Long-range World Population Projection, based on the 1998 Revision*. (http://www.un.org/esa/population/publication/longrange/longrange.html). ただし, 若干の計算調整を行なった.
(注)　表 1 とはデータの出所が異なるため, 数字が若干異なる.

は年一・二%程度に下がり、そして二〇一〇年代には年一%程度に落ちると見込まれている。

しかし、一九六〇年には三〇億人だった人口が、一九七五年には四〇億人、一九八八年には五〇億人、一九九七年には六〇億人と、一〇億人ずつふえる年数を年々ちぢめることになった。しかも、一九九〇年代に世界人口は毎年約一億人ずつふえていた。これは史上最高のふえ方である。

ただし**表2**の人口増加率の推移が示すように、先進国ではすでに一九五五年頃から、そして途上国でも一九七〇年頃から、人口増加率は下がり始め、現在は世界平均で一・二%程度に落ちた。ここから二一世紀を境に、一〇億人ふえるのにかかる年数がまた伸び始め、人口増加の伸びは緩慢化《かんまんか》する兆候を示している。

だがいずれにしても現在(二〇〇八年)、六七億人の地球人口が七〇億人のラインを越えるのは間近で、二〇二五年に八〇億人を超える(**表3**)。このことは、人口と食料、資源、そして環境のバランスの問題を提起せずにはおかない。

他方で、南の人口増加率が先進国のそれを大きく上回っているということは、途上国の人口が先進国のそれよりも急ピッチで増大し、両者の比率が変化していることを意味している。

一九五〇年におよそ一対二だった北と南の人口比率は、その後半世紀を経て、二〇〇〇年には一一・九億人対四九・三億人、そして二〇二五年には一二・七億人対六九・一億人と一対五・四の比率となる。

すでにヨーロッパ、日本の人口は横ばいから低下に入り、高齢化が急速に進行している。途上国の中で経済成長率の高いＮＩＥＳや中国、東南アジア諸国でも高齢化が始まった。このことは、高齢化国での労働力不足、社会保障改革、途上国からの労働力移動、国際分業の再編成、産業の知識集約化の進展等、一連の新しい動きが始まることを意味している。

世界の人口増加率は、一九七〇年代から低下傾向に入っている。**図1**でみるように、世界各地域で、出生力(女性が生涯に産む子どもの平均数)[*]はこの数年著しく低下した。一九五〇～六〇年代に南の発展途上地域で一人の女性は六～七人の子どもを産むのが当たり前だったが、現在(二一世紀初め)では、サハラ以南アフリカが五～六人、南・西アジアが四人と依然として高いが、国連は二〇二〇年代以降、サハラ以南アフリカを除いて二人程度(人口の置き換え水準)に落ち着くものと予想している。

＊　ここでは出生力(fertility)を合計特殊出生率でみている。これは、一五歳から四九歳までの女性人

図 1　世界の地域別出生力※(1990 年度推計)

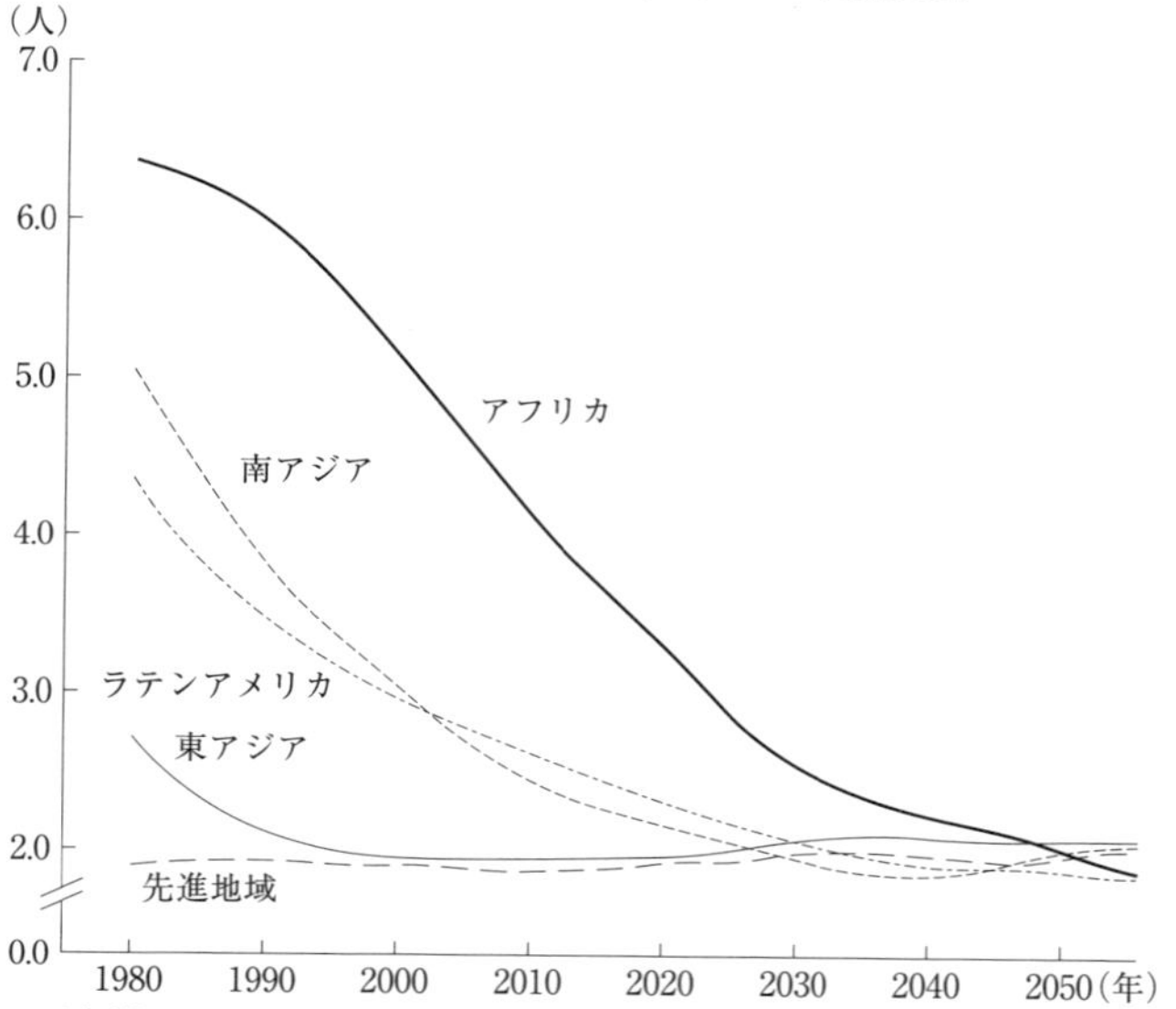

(出所)　United Nations, *Long-range World Population Projection, 1950-2150*, New York, 1992.
※　女性の年齢別出生率を前提として，その女性が生涯に 1 人当たり平均何人の子どもを産むかを示したもの．

口が、ある年次の年齢別出生率を一定と仮定した場合、生涯に一人当たり平均何人の子どもを産むか、を示したものである。

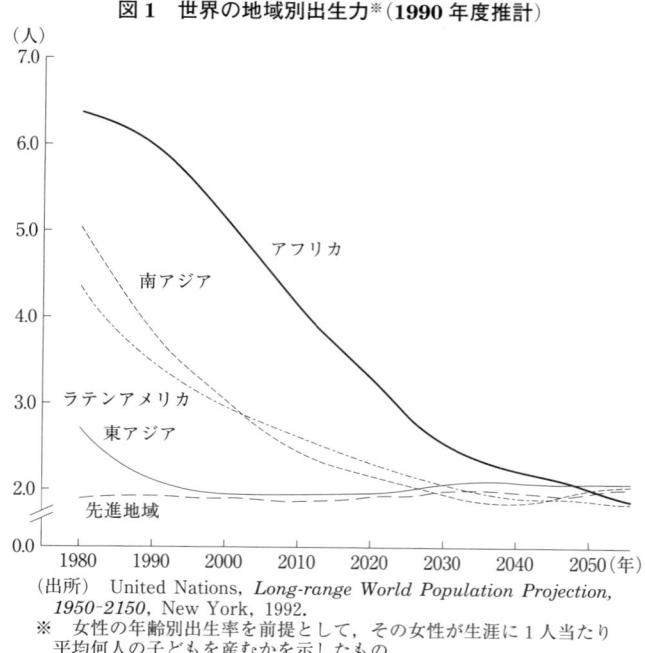

もちろん貧困地域、女性にたいする差別意識の強い地域では、女性が子どもを産む道具のように扱われ、出生力が依然として高いことが考えられる。国連はこれらの社会経済面での改革も含めて、二二世紀には世界人口は九五億人程度で安定化することを期待しているわけである(**図2**の中位予測)。

いずれにせよ、二一世紀末に、高位予測と低位予測の差は三倍(一六二億対五一・五億)にも及ぶ。長期予測とはシナリオ以上のものではない。しかし、この長期予測のメリットは、

図2　22世紀にむかっての世界人口動態5つのシナリオ

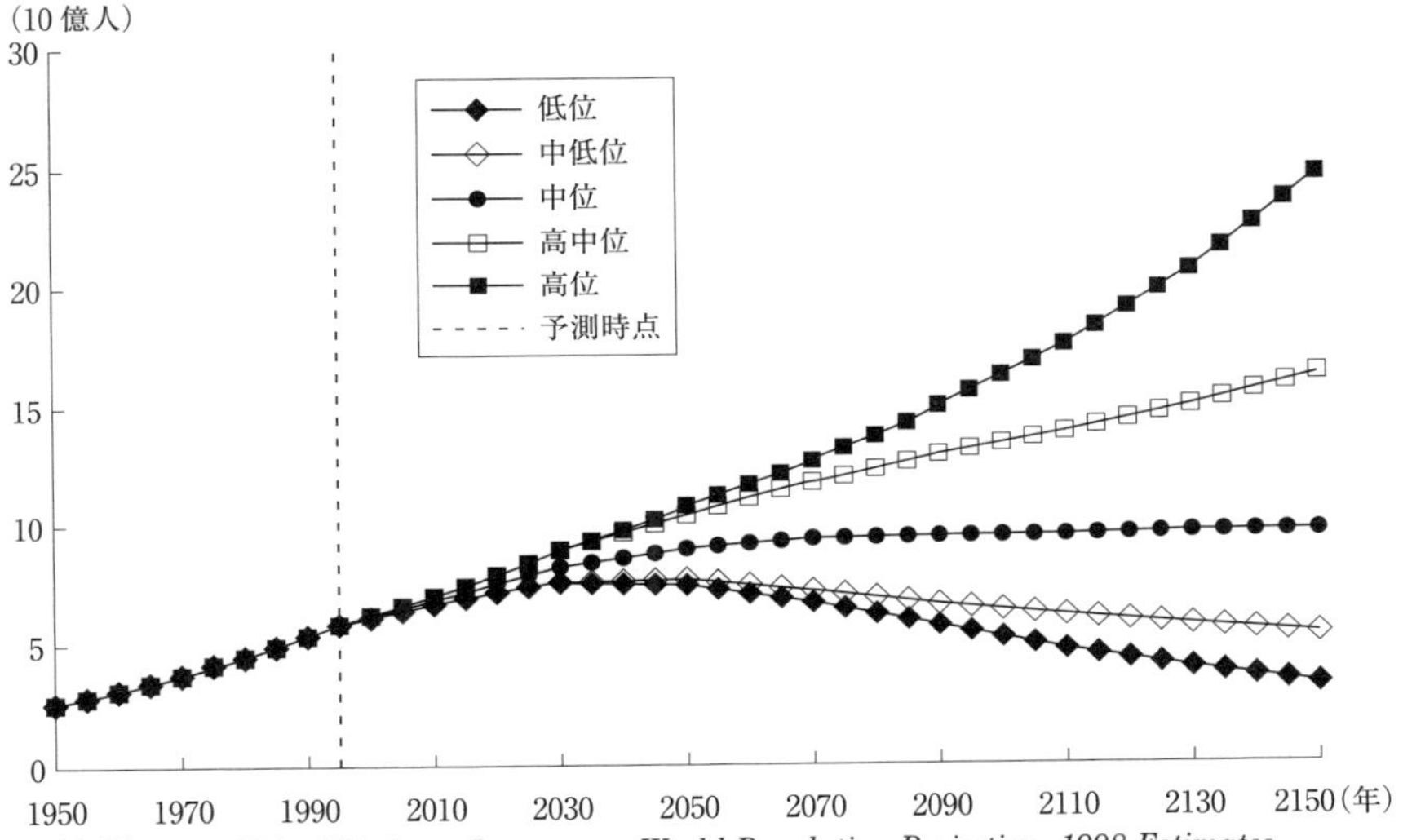

(出所)　The United Nations, *Long-range World Population Projection, 1998 Estimates.*

意識的な人口政策と経済社会発展のいかんによって、ある一定の期間をつうじて世界人口の安定化が可能である、ということを示した点にある。

第二次大戦後の半世紀間に地球人口は二倍以上となった。そして、二一世紀の一〇〇年間をつうじて地球社会が人口をどう安定化させていくのか、不可避的に高齢化していく世界の中で、世代間の連帯という新しい倫理をいかに確立していくのかが、わたしたちに問われ始めている。このような大きな変化の時代に、わたしたちは立ち会い始めているのだ。

実際、地球規模の高齢化は、全人類が直面する問題を、地球人口の将来に投げかけている。

図3は、地球人口の年齢構成の推移を予測した図である。一九九〇年代初めの段階で、一五～五九歳の生産年齢人口は約五八％、こ

図3　地球人口の年齢構成の推移予測(1950-2150年)

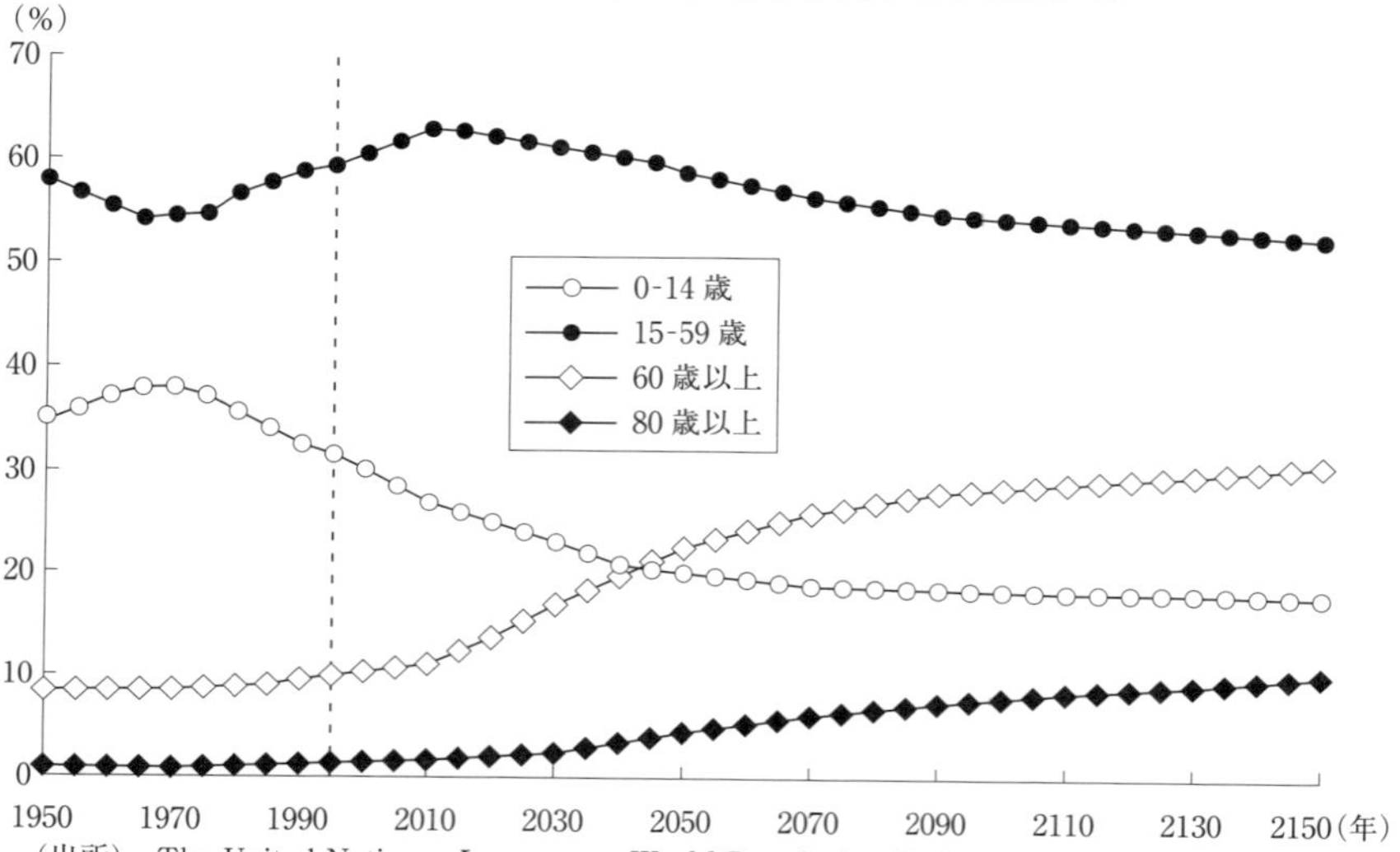

(出所)　The United Nations, *Long-range World Population Projections, 1998 Estimates*.

の年齢層の割合は、二〇一〇年代をピークに、二二世紀にむかって漸次低下していく。

反面、現在(二一世紀初め)、一〇％程度の高齢者層(六〇歳以上)の割合が増加し、二〇五〇年代には地球人口の二〇％を超えることになる。〇～一四歳の子どもの比率はこの間三〇％から二〇％へと下がり、二〇四〇年代の後半に、世界では高齢者が子どもの割合を上回ることになる。すなわち、世界的な高齢化時代への突入である。

世界的な高齢化は、わたしたちにとって、二つの意味合いをもつ。

子どもと高齢者を合わせた人口を「従属人口」という。従属人口は生産人口によって扶養されるのだが、とくに先進地域において、生産年齢人口の従属人口扶養負担が急速に大きくなる(第6章で後述)。これが第一の意味である。

第二の意味は、八〇歳以上の「超高齢人口」(日本では七五歳以上を「後期高齢人口」とする)が長命化に伴って急速にふえ、現在(二〇〇〇年)の一・一%から二一世紀初頭には八%程度と七倍にふえることである。

これらのことは、社会がどのように世代間連帯という考え方をうち立てるか、という挑戦をわたしたちに突きつけている。このような倫理観をわたしたちが身につけないかぎり、この世界は「うば捨て山」へと転落しかねない。

これは、他人事ではすまされない現実なのである。

第2章　人口をめぐる二つの見方――マルサス対マルクス

人口と資源のバランスが破れたとき、人類にとって好ましくない結果となるであろうことは、昔から知られていた。

かつてモンゴル草原に住む遊牧民族は、旱《かん》ばつ時に遠くヨーロッパまで略奪行に出かけ、「黄《こう》禍《か》」の悪夢を西欧社会に残した。その西ヨーロッパ人は、一五、六世紀に経済取引の活発化につれて貨幣流動性が不足したとき、貴金属を求めて「新大陸」にむかい、先住民族の社会を破壊し、人口の大部分を絶滅させた。

戦乱や不幸の原因が「人口過剰」にあるのか、「資源不足」にあるのか、それともむしろ社会の仕組みにあるのか――この点については近代社会が始まって以来、二つの対立する解釈が現れ、今日まで論争している。

イギリスで産業革命が始まり、一九世紀という新しい世紀への転換点にあたって、イギリスの経済学者T・R・マルサスが目の当たりにしていたのは、経済成長と共に人口増加が始まっていた社会であった。この社会は同時に、農村から囲いこみで追い立てられた農民が都市に流入し、新しくつくり出された膨大な無産者階級が、労働にたいする十分な法律的保護を受けることもできず、また団結によって産業資本家と対抗する術《すべ》をも知らず、低賃金と貧困と大家族にあえぐような――やや後にディケンズが小説の中で描写したような――社会であった。そしてまた、初期の社会主義者が、広汎な民衆貧困の原因を私有財産制度に帰して告発を始めたような社会でもあった。

マルサスは、こうした状況の中にあって、『人口の原理』を著わし、社会の貧困や悪徳はけっして私有財産など社会の仕組みに由来するのではなく、むしろ「自然の大法則」、つまり人口増加が食料増加を上回る傾向、そこから起こる過剰人口の結果であると説いた。

マルサスによれば、人口は一世代(二五年)ごとに二倍となる(これは年率約三%の増加であり〔「**72の法則**」を参照〕、当時のイギリスの増加率からすれば著しく過大だが、第二次大戦以後に起こったいくつかの途上国の水準からすれば、けっしてでたらめな数字とはいえない)。しかし、食料生産はこれに追いつくことはできない(食料生産の年三%増はかなり技術的条件が整わないかぎり難しく、この仮定も当時の生産力水準のもとではそのとおりである)。

すなわち、人口が幾何級数的に増加するとすれば、食料は算術級数的にしか増加しない。したがって、人口増加が始まった何世代か後(計算上は第三世代)には、人口と食料のバランスが破られ、戦争や飢餓や社会的悪徳が起こる。こうした人類の不幸を防ぐためには人口を抑制

マルサスによる人口の原理

食　料 (算術級数増加)	1	2	3	4	5	……
人　口 (幾何級数増加)	1	2	4	8	16	……

人口と食料のバランスは，第2世代と第3世代の間で崩れ，戦争や飢餓が起こる．

72の法則

人口の増加率は，銀行の複利の計算で測ることができる．72の法則は，利子率1%として，元金が2倍となるのに72年かかることを示す．2%では36年，3%では24年，4%では18年．人口増加をみるにはこれを覚えておくと便利である．

しなければならない。そのためには結婚年齢を延ばし(彼自身は三八歳まで結婚を延ばして、三人の子をもうけた)、子どもの数を抑える必要がある。

貧困や不幸が、社会のせいではなく過剰人口のせいである、とするマルサス理論は、イギリス上流階級に絶大な人気を呼び(マルサスはそれにより東インド会社の設立した大学に世界最初の「経済学講師」として迎えられた)、今日に至るまで「マルサス主義者」「新マルサス主義者」は後を絶たない。

たとえば、世界銀行やアメリカ国際開発局(AID)は家族計画(以前は人口計画といった)の普及に力を入れていることで知られている。一九六〇〜七〇年代には、インドの農村へのピル配りやアンデス山地のインディオへの強制不妊手術(その実情は、ボリビア映画『コンドルの血』で告発された)等、かなり露骨な手段がとられたが、人権意識が強まってきた今日では、こうした家族計画のやり方は難しくなり、むしろ女性自身が自らの性と生殖の権利を自己管理するやり方が一般的となってきた。

いずれにしても、マルサス理論は、人口問題が経済社会発展に及ぼしうる影響に注意を喚起した点では大きな貢献をしたとはいえ、その当初から人口理論自体として、いくつかの弱点をもっていた。

第一には、「人口増加」の意味の解釈である。

マルサスは、人口増加を「出生率の増加」と解釈して、「出生の抑制」を説いた。だが、産業革命後に起こったイギリスの人口増加は、出生率の増加によるものではなかった。出生率そのものは一八、一九世紀をつうじて三五パーミル(‰)程度で変わらなかった。変化したのは、出生率ではなくて、死亡率だったのである。すなわち、経済成長と共に死亡率が三五‰程度から二五‰程度に下がり、それが人口増加(年一%程度)を導いたのである。してみると、人口増加はむしろ経済成長にあい伴う現象であると解釈しなければならない。

第二に、マルサスは「社会法則」を論破することに急で、社会的問題を自然的問題に置き換える誤りをおかした。

たしかにイギリスの人口は一九世紀に急増したが、年一%程度の増加は食料生産によってカバーできないほどの増加ではない。むしろ農業社会で、土地の供給が弾力的であれば、人口がふえると生産もふえる。マルサスが目にしていたのはむしろ、囲いこみによって追い出された農民たちが都市に堆積《たいせき》した人口集中の問題だったのであり、これは「自然法則」よりはむしろ歴史的な意味をもった「社会法則」に属する問題であった。

第三には、人口と食料(資源)の関係があまりに固定的にとらえられていることである。

ネズミやウサギは食料をつくり出すことはできないが、人間はつねに食料をつくり出すことができる(だから人間の再生産は生殖〔fertility〕とよばれ、動物の繁殖〔fecundity〕と区別される)。資源の有無も、資源をどう定義するかによって、つねに変わってくる。マルサスは農業の収穫逓《てい》減《げん》を自明の理としたが、イギリスの工業化により農業の生産力は上がったし、また経済の開放化によりイギリスは海外から食料を獲得した。

こうした理論的弱点をもっていたために、マルサス理論はつねにそのイデオロギー的含意を人に印象づけることになってきた。

資本主義社会の法則を解明しようと試みたドイツの経済学者Ｋ・マルクスは、自然法則により社会現象を説明しようと努めたマルサスに、当然のことながら激しい敵意をもった。マルクスは、事実認識においてはマルサスとまったく一致していた「過剰人口」という現象を、マルサスとは正反対の角度から説明した。

マルクスによれば、過剰人口には二つの源泉がある。

一つは、資本主義社会が成立する原始蓄積期に、小生産者が土地や手工業から追い立てられて無産化し、労働者となる過程で、労働力の予備プールができる現象である。

もう一つは、資本主義生産様式が確立した後に、資本家は機械など固定設備への投資をどんどん進め、労働者の雇用(可変資本)比率を下げつつ、生産性を高めて、利潤(剰余価値)をふやそうとする。すなわち、資本蓄積が進むと共に労働者人口は絶えず相対的に過剰化し、「産業予備軍」のプールがふくらむ。これは失業者同士の競争により、賃金を生存維持水準に引き下げる働きをするだろう。

マルクスにとって重要なのは「資本制生産様式に独自の人口法則」(『資本論』)である後者である。

この見地からすれば、「過剰人口」は資本主義社会に内在的な現象であって、資本主義社会のメカニズムを変えれば、おのずと人口問題は解決することになる。

マルクス的見方は、近現代社会での人口移動や技術革新による失業をよく説明し、一見自然的にみえる「過剰人口」が社会の仕組みに関連していることを指摘した点で、大きな影響力をもった。

しかし、マルクス的見方は、人口動態そのもののもつ重要性にはあまり注意をはらってこなかったといえる。たとえば、毛沢東時代の中国は「人口は生産力」であるとして、「産めよ殖やせよ」主義をとったが、そのつけが今日の「一人っ子政策」や、高齢化の急速な進行として現れている。また、マルクス主義分析は一国の閉鎖的モデルを対象としていたために、グローバル化時代に先進国での資本蓄積が途上国で広汎なプロレタリアを形成し、そこからの労働力移動によって資本蓄積がさらに促進され得る、という展望をもつことがなかった。

いずれにしても、マルサス的な「絶対的人口過剰」説とマルクス的な「相対的過剰人口」説は、今日まで、人口問題をみる二つの大きな見方の流れを形づくってきている。さてそれでは、今日の世界の人口動態をわたしたちはどう説明したらよいか、が次の問題となる。

第3章　途上国では、いま

さきにみたように、第二次大戦後の世界人口が急増を始めたのは、年平均二・二%に及ぶ途上国の人口増によるところが大きい。これが、世界人口の伸びを年平均一・九%にまでひき上げたのである。

この人口増加は、とりわけ第二次大戦を契機に、途上国での死亡率が急落したのにたいし、出生率は一九七〇年ごろまで顕著な減少をみせなかったため、**図4a**にみるように、人口の自然増加率がふくらんだのである。これは人口学者が、多産多死の「伝統社会型」から多産少死の過渡的段階を経て、少産少死の「近代社会型」へと移行する「人口転換」と呼ぶ現象である。

なお、ここで、日本の出生率・死亡率の推移を参考にみると(**図4b**)、日本の場合は戦前からすでに出生率、死亡率共に途上国(当時はそのほとんどが欧米・日本の植民地)のそれより少なかったが、大戦後は出生率・死亡率共に著しく減少し(戦争直後のベビーブームの一時期をのぞき)、六〇年代以降自然増加率一%(図では一〇‰)程度に落ちて少産少死型に移行したことが知られる。一九九〇年代にはさらに出生率が落ち、二〇〇五年をピークに人口は低下傾向に入っている。近年では労働力不足に加え、二一世紀の初頭に始まった人口減少が経済活力を奪うのではないか、という心配も出てくるに至っている(第6章参照)。

図 4a　途上国の粗出生率・粗死亡率※1の推移※2

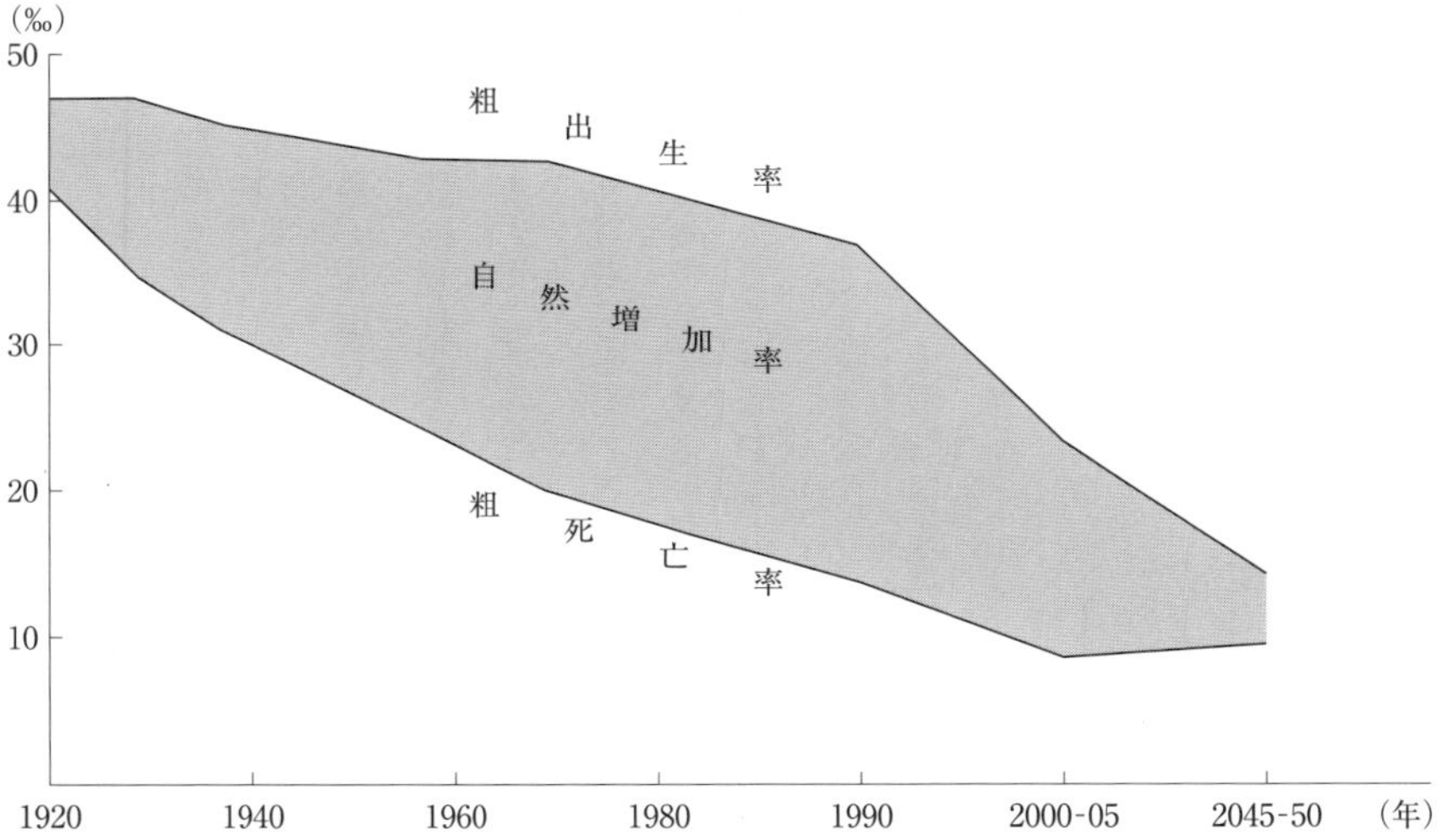

※1　粗出生率・粗死亡率とは，1000人当たりの平均出生(死亡)数を指し，パーミル(‰)で現す．
※2　5年ごとの移動平均による傾向線を描いている．
(出所)　国連人口統計局のデータにもとづき筆者が作成．

図 4b　日本の粗出生率・粗死亡率の推移※

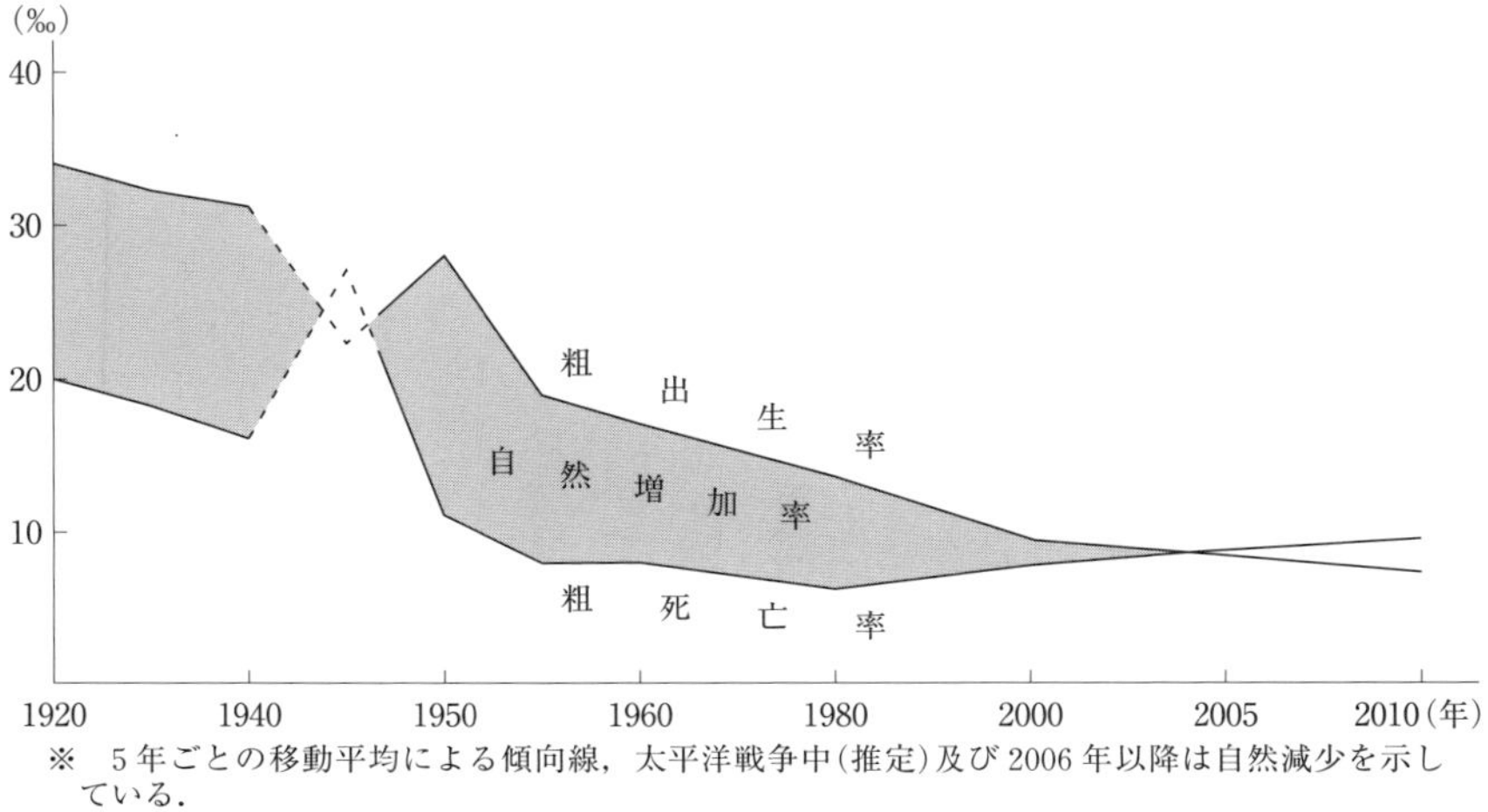

※　5年ごとの移動平均による傾向線，太平洋戦争中(推定)及び2006年以降は自然減少を示している．
(出所)　国立社会保障・人口問題研究所『人口の動向 日本と世界――人口統計資料集』各年版より筆者が作成．

途上国で、とくにこの時期に死亡率が急減した理由は何であろうか。

その第一の理由は、自治と独立をめざす住民意識の変化である。すでに多くの植民地では一九三〇年代に死亡率の減少が始まっていた。これは植民地体制のもとで牛馬のようにこき使われていた人びとの間で、民族主義運動とよりよい生活への希求が始まっていた事実を示している。それゆえに植民地権力も、民族主義運動にある種の譲歩(労賃の引き上げや住民福祉)をよぎなくされた。同じアジアでも、民族主義運動の強かったインドやスリランカでまず死亡率の改善が始まり、アフガニスタン、ネパールなどではそれが大幅に遅れたことが、この事情を物語っている。この民族主義運動が第二次大戦後のアジア、アフリカにおける独立の波を導くのであり、独立政府のもとで衛生対策はさらに意識的に進められるようになる。今日に至る死亡率の減少は何よりもまずこのような南の世界住民の人権意識の高揚と関連させて考えられるべきである。

第二に、第二次大戦時に先進国軍隊が第三世界各地を移動し、それと共に衛生・技術革命が普及したことがあげられる。

たとえばスリランカではＤＤＴの普及によりマラリア蚊が撲滅され、大戦後の数年間に死亡率が二二‰から一二‰に低下した。このように、一部の地域での衛生・技術革命の効果がきわめて顕著であったため、大戦後の途上国の人口増加が純粋に外発的な要因によるかのように説く人口学者もいるが(この説の実践的帰結は、途上国の人口問題については同じく外からピルや避妊具をもちこむことが解決策になるとする)、そうではなく、衛生・技術革命は、第一に述べた人権意識の高揚のもとでこそ、死亡率改善を加速化する役割を果たした。だから、途上国の中でも、経済社会発展の進んだ国々においては出生率の低下もまた著しく（とくに中進国といわれる国々では一九七〇年代以降二〇〜三〇‰に下がり、現在（二一世紀初頭）ではNIESのように一〇‰を割っている所も出てきている)、一九七〇年頃から出生率の平均も低下傾向をみせ始めたのである。

右に述べたような原因により、死亡率は顕著に低下したが、出生率は死亡率が高かった時代の伝統的態度(宗教や慣習を含む)の継続や、途上国の社会経済に内在的な理由(大家族制度)もあり、なかなか戦後の日本のようには低下しなかった。

とりわけ一九七〇年代前半には、先進国の懸念という時流をつかまえた新マルサス主義者たちが、「人口爆弾」とか「人口爆発」とか題した本を著わし、人口抑制の必要性を熱心に主張した。そして実業家や学者たちが主宰するローマ・クラブは『成長の限界』なる報告書を公にし、地球的規模での人口抑制、工業成長の停止などにより、人口と資源のバランスをとることを勧告した。また、一九八〇年代に、途上国での人口増加率が期待されたように下がらなかったことから、OECD(経済協力開発機構)のDAC(開発援助委員会)が発表した『一九九〇年代の開発協力』報告書(一九八九年)など、人口問題を「持続可能な開発」政策の柱として、開発協力の中で大きくとり上げようとする動きが示された。

しかし途上国の人口動態は、けっして外部からの人口抑制勧告によって左右されるようなものではない。近年、途上国、とりわけアフリカや最貧国での人口増加がめだって減少していないのも、根本的にはこれらの国での貧困問題が解決されておらず、むしろ開発や近代化、グローバリゼーションと共に貧困問題が激化しているからであると考えられる。

こうした「一つのボート」内部の主人と奴隷関係の分析をぬきにして、地球的規模での成長停止を説いても、それは地球の多くの人びとにとって必ずしも説得力をもたないにちがいない。

実際、人口と経済発展の関係はけっして一様のものではない。

まず第一に、マルサス的見解では、人口はつねに消費者としてとらえられるが、人口は同時に生産者でもある。

先進国では一五歳以下の労働人口に入らぬ子どもたちは「従属人口」だが、途上国では農村でも都市でも、多くの場合子どもたちは家計を補助する貴重な労働力である。子どもたちは学校に行きながらも、水くみ、家畜の世話、農作業(開墾、収穫)の補助などまめまめしく働く(M・マンダニ『反「人口抑制の論理」』自主講座人口論グループ訳、風濤社)。都市のスラム街でも、子どもたちは靴みがき、ハウスボーイ、三輪車引きなど細々とした仕事で現金を獲得する。

また、社会保障制度の整っていない途上国で、子どもはしばしば両親にとって、唯一の老後保障の担い手である。革命前の中国やインドでの大家族制を「養老保障」の手段として説明する論者もいる。子どもの死亡率の高い社会で、両親の間に多産傾向が働くのは、基本的にこの要因によると指摘する研究もある。「老化した親たちにとって、子どもが孝行か否かはまさに生死にかかわる問題である」(R・ボンデスタム、S・ペリストローム編『新人口論入門』奥田孝晴訳、第三書館)。

また、法治能力・警察能力が欠けたり、それが一部の支配階級によって専有されている途上国では、子どもが多いことは、家の権勢を確保し、安全を保障する手段でもある。

こうした理由から、貧しい低開発社会にあって「子どもをもとうとする性向」はきわめて根強いものがある。世界銀行の総裁であったR・マクナマラ(在任一九六八～八一年)は、人口抑制費用を六ドルとして、これにたいし子どもを育てる費用を六〇〇ドルと計算して、費用《コスト》－便益《ベネフィット》分析からすれば人口抑制に重点を置くべきだ、と述べた。しかし、こうした先進国指導者の勝手な計算は、子どもを育てる費用を六〇〇ドルとするならば、子どもが生み出す価値を六〇〇〇ドル以上と見積もる南の世界の民衆の「費用－便益分析」の前ではなんら説得力をもたないのである。

第二に、人口密度と経済成長・技術革新の間には何らかの相関関係がある。

人口の過疎地域で、生産性の上昇が起こることはまれである。たとえば、アフリカ内陸部のように、一平方キロ当たり一人にも満たぬ地域(アフリカ平均で一〇人)では、土地の浸蝕が進むばかりで、経済発展の起こりようもない。

ノルウェーの経済学者E・ボズラップは、人口稀薄な地域では、わずかな追加的労働量で食料生産が(循環的耕作システムにより)可能であるために、資本投下や技術革新の誘因が働かないことを示した(『農業成長の諸条件』安沢秀一・安沢みね訳、ミネルヴァ書房)。彼女によれば、人口密度の増加が休耕地を少なくさせるために、農業の集約化、農業生産性の向上を導く。

また、工業化段階に移行した後も、今日のように設備投資額が大きくなっている経済では、一定度の規模の経済が存在しなければ、工業化は困難である。人口一〇〇万人の小国では、月産二〇〇トン程度のトマト缶詰工場でも建設は容易ではない。日本、アメリカ等の今日の先進国の経済発展が大きな人口規模に支えられていることは周知の事実である。また、人口が大きい場合にそこでの競争や組織により、技術革新が進みやすいことも自明の理であろう。

この点で、人口抑制論者たちがしばしば、今日の途上国にかんして、人口増加の問題を人口分布の問題と混同していることに注意しておこう。

たとえば、アメリカの生物学者P・エーリックは、カルカッタ(現・コルコタ)の人ごみの中で「過剰人口とは何かを初めて知った」(『人口爆弾』宮川毅訳、河出書房新社)と述べているが、これは人口の都市集中の問題であり、人口増加の問題とは異なるのである。新マルサス主義者の人口増加にたいする警鐘はしばしば、こうした論理のすり替えの上に鳴らされていることが多い。

第三に、持続的な経済成長はつねに労働力の追加的供給を必要とする。

一九世紀における西ヨーロッパ諸国の成長は、人口増加を伴って初めて可能だった。それゆえ二〇世紀に入って、イギリスの人口増加率が著しく低下したときに、イギリスの経済学者J・M・ケインズやその弟子のA・ハンセンは、人口減少は産業界の見通しを暗くし、事業の縮小と失業の増大を生み出すとして、経済停滞を人口停滞と関連づけたのだった。

戦後の西ドイツの経済成長は東ドイツからの人口流入により、また日本を始めとする多くの工業国の成長は農業部門からの人口流入により支えられた。今日、一部の先進国で「人口減少」が暗い社会のイメージをもって議論されているのは、ゆえないことではない。

今日の南の諸国においても、経済成長が人口増加を必然とし、また後者が前者を支持する関係は、まったく同様である。しかしながら、現在の先進国が経済成長を開始した時代における条件と、今日の途上国が迎えている状況との間には大きな相違がある。

それは、今日の技術的与件のもとで、途上国の人口増加率がきわめて急速だ、ということである。

実際、一九世紀ヨーロッパでは人口が二倍となるのに一世紀近くを要したのだが、今日の途上国では二四年（年率三％）から三六年（年率二％）程度で二倍となるところが多い。ここから人口移動や雇用圧力など、一国レベルでの解決がけっして容易ではない問題が起こってくる。出稼ぎ労働による社会問題も起こる。これは人口増加が、地球的な規模での問題をひき起こしている第一の点である。

第二の差異として、経済成長が実現しても、人口増加率が高ければ、それだけ一人当たりの経済成長率は低くなることがあげられる。

たとえば、ある年にある国民経済でＧＤＰ（国内総生産）の二〇％が投資され、（資本産出比率あるいは資本係数を四として）五％の経済成長が実現しても、もし人口増加率が二％であれば、一人当たりの経済成長率は三％であるし、また前者が三％であれば、後者は二％となる。この場合には、人口増加率は資本蓄積源泉にたいする食いつぶし分となるために、人口増加の速度が速いということは、経済発展を始めたばかりの国にとっては大きな負担になるのである。

一九世紀イギリスや明治期の日本の人口増加率が一％程度であったことを想起しておこう。さきに述べた中国の「一人っ子」政策も蓄積への配慮から実行されたと考えられる。

第三に急速な人口増加が大きな社会的費用を生み出してしまうことである。

先進国で工業化と共に進行した都市化においては、都市の工業が農村から人口を吸収するという、いわゆる吸引(pull)要因が大きかった。しかし、今日の途上国では、工業化、雇用機会への期待、文化的魅力などの都市による吸引要因と共に、農村で文字どおり食うに困るという押し出し(push)要因も大きく働いている(それはむしろ地主制などの社会制度的要因によるところが大きいのだが、硬直的土地制度を与件とすれば人口増加は自動的に過剰人口をふやす)。

こうして農村人口が依然として人口の三分の二近くを占める途上国では、農村人口の増加が都市流入人口の大きな波をつくり出し、都市のスラム街をふくらませる(この動きについては、拙著『データブック 貧困』岩波ブックレットを参照)。このような必ずしも生産的要因にもとづかない大都市化、スラム街の拡大が、国民経済にとって大きな費用をつくり出すことはいうまでもない。

最後に、急速な人口増加は女性の解放にとっての障害ともなりうる。

植民地時代、列強の多くは、非西欧地域の伝統的社会権力や社会構造を利用して、支配を行なう政策をとった。女性は随所で植民地制と封建制の二重の圧迫を受けた。女性はしばしば「家」のための労働力・子どもを産む道具として扱われた。実際、絶えず子どもの世話をよぎなくされるかぎり、女性自身の自律的な生き方、能動的な社会参加は困難であろう。真の現代的経済社会発展は女性を家庭に閉じこめたままではけっして実現できない。

これは中国の計画生育において重視されている考え方であり、中国のある人口学教科書は、人口増加率の計画的引き下げはまず第一に「女性を徹底的に解放し、女性の生産者としての役割を十分に発揮させるのに有利である」と指摘している(北京経済学院人口研究室編『中国十億の人口問

題』江川日与志・小林幹夫訳、日中出版)。

これらの理由によって、今日の途上国でも、かつて日本で実現したように、経済社会の発展に伴って必ず下がる死亡率と共に、出生率をいかに下げていくかが重要な課題となっている。

本書の前の版である『人口〈新版〉』が出版された一九九四年頃までは、国際的な人口問題というと、人口増加問題が主要な問題として扱われ、すでに紹介したようなマルサス主義者、新マルサス主義者の議論が人口問題では主流であった。

ところが、その一九九四年にカイロで国連「人口と開発」国際会議が開催され、この会議を契機として国際的な人口問題の流れが大きく変わった。*

＊　ただし今日でも人口問題については新マルサス主義がいまだに根強いので、本書ではさきの議論をそのまま紹介している。

つまり、人口増加の問題とは、女性が「家」の中で子どもを産む道具としてしか位置づけられない従属的な地位にある事態の表現としてとらえ、女性の社会的地位、人権を改善することが、一方では人口の安定化に貢献するし、他方では女性に社会的活躍の機会を与え、社会の活力を生むという考え方である。これは、「女性への投資」と呼ばれるが、このような「女性への投資」が、社会発展の大きな主題として浮かび上がってきた。

ここから女性の「性と生殖の健康と権利」(Reproductive Health and Rights)という考え方が生み出され、二一世紀型の新しい人権の中でも重要なものとして、国際的な課題となってくる。

「性と生殖の健康と権利」とは、女性が自分の子どもの数と出産間隔を正しい情報にもとづいて自由に決定する権利と能力を保障されることであり、家族計画や保健、安全な出産等がその条件である。女性がこのように自らの性と子どもの再生産における主体として立ち現れることこそ、人口問題解決の王道である(これは途上国の多産問題のみならず、先進国の少子化問題についても同様に妥当する)、とする考え方が次第に国際社会の場での主流となってきた(国連の場では、カトリック教の本山ヴァチカンとイスラム諸国が依然としてこの考え方に反対しているが)。

毎年、妊娠と出産に関連した合併症により五〇万人の女性が死亡しているが、その四割は安全でない非合法な妊娠中絶によるものである。家族計画の普及と生殖にかんする保健サービスを向上させ、中絶を合法化し、こうした不幸な状況をなくしていく必要性は、フェミニストからも主張されている。今日の人口問題は、ますます人権問題としての性格を強めるようになっている。

出生率のひき下げについては、日本の経験が参考になる。

図4bでみたような戦後日本の出生率低下について、毎日新聞社人口問題調査会が一九五〇年から一九七五年まで一三回にわたって行なった「全国家族計画世論調査」の報告書(『日本の人口問題』至誠堂)が興味ぶかい。

この報告によれば、低出生力を直接的にもたらし得る避妊実行の理由について、一九五〇年代後半からは「子供によい教育をする」「母体の健康を守る」の二つが一貫して五〇%近くを占め、「収入が少なく生活が苦しいから」といった経済的理由や「自分自身の生活を楽しむため」といった理由(合わせて三〇%程度)を抑えて、一、二位を占めてきた。

日本の工業化、核家族化、人権意識の浸透など経済社会の変化とあい伴う価値観の変化が、教育的理由や衛生的理由にもとづく避妊、出生力低下を最重要視させるに至ったといえる。

したがって日本の経験(及び先進国に共通した経験)は、上からの強権的な指令に頼らずとも、経済社会発展と共に民衆の生活構造が変化し、情報・避妊手段の普及や価値観の変化と共に出生力低下が実現する例を示している(日本の場合は、一九四八年に制定された優生保護法(現・母体保護法)により人工妊娠中絶が大幅に可能になったことが、この傾向の促進に一役買った――一九五七年度を例にとれば、出生三件にたいし中絶は二件に及ぶ――ことはたしかである。前述のヴァチカンの「性と生殖の健康と権利」にたいする反対は、この権利の濫用が中絶件数の増加に

表4　アジアの中進国及び中国，日本の出生率・死亡率の推移

(‰)

(1950-55年平均)	出生率	死亡率	自然増加率
香港	33.1	8.9	24.2
韓国※	45.9	14.9	31.0
シンガポール	44.4	10.6	33.8
中国	39.8	20.1	19.7
日本	23.7	9.4	14.3
(1980-85年平均)			
香港	16.7	5.0	11.7
韓国	21.5	7.5	14.0
シンガポール	17.0	5.4	11.6
中国	19.0	6.7	12.3
日本	12.7	6.7	6.2
(1990-95年平均)			
香港	12.3	6.1	6.2
韓国	18.6	5.9	12.7
シンガポール	16.3	5.5	10.8
中国	20.8	6.6	14.2
日本	11.5	7.6	3.9
(2004-05年平均)			
香港(04年)	8.1	5.3	2.8
韓国(04年)	9.9	5.1	4.8
シンガポール(04年)	8.8	3.7	5.1
中国(00-06年)	13.6	6.8	6.8
日本(05年)	8.4	8.6	−0.2

(出所) United Nations, *World Population Prospects, The 2006 Revision*, New York, 2007.

※　韓国は1950-55年の時期が戦争の影響で，死亡率が高く出ているため，1955-60年の時期をとったが，この場合にも出生率はベビーブームにより高めである．

つながることを恐れてのことと解釈できる)。

アジアの中進国の人口動態もこれを裏づけている。アジアの諸中進国は今日、人口増加率が〇・六〜一・二%の間に位置し(台湾も同様)、途上国の平均を大きく下回り、最近三〇年間のうちに人口転換をなしとげた(**表4**)。ただし、中国のみは開放体制の影響で一九八〇年代をつうじてとくに農村地域で一人っ子政策が動揺し、人口増加率がやや上がっている。これらの国はいずれも、日本と同じく急速な少子高齢化という人口問題の新たな局面に直面している。

もともと第二次大戦後の開発途上地域における人口増加が、この地域の人権意識の高揚に根ざしている以上、国連人口会議の場での議論が示すように経済社会の着実な発展や家族計画の普及、そして女性の社会的地位の向上と共に、途上国での人口動態が安定化していくことは十分考えられる。またそれを、中進国の実例や近年の途上国における人口増加率の低下傾向が裏づけている、といえよう。

第4章　人口と資源

今日の世界的な人口問題は、けっして途上国の人口増加、先進国の少子高齢化の問題にとどまるものではない、とさきに述べた。この章ではまず、人口と資源・環境の関係について検討し、その後に次章で、人口移動・移民、人口構成等、世界的な影響をもつその他の問題の主要点をみておこう。これらはすべて、同じ人口問題の多面的な側面である。

まず、人口と資源について。人間を養う資源の中で、第一義的な重要性をもつものは食料である。いま、地球六七億人の人口にたいして、約一五億ヘクタールの土地が耕され、その六割から約二〇億トンの穀物が生産されて、人類の生存を支えている。だが現在、人類の一〇人に一人はおなかを空かせた状態にある。

この事実は、かつてマルサスが考えたように、人口と食料のバランスが破れたことを示しているのだろうか。人口増加により「地球の定員」はもはや満たされたか、あるいは満たされようとしているのだろうか。この問いに答えるためにまず、地球の耕作可能地がどのくらいで、その内どのくらいがすでに耕作されているか、をみよう。

地球の陸地面積で氷に覆われていない部分は約一三〇億ヘクタールであり、ＦＡＯ(国連食糧農業機関)はその四割近い約五〇億ヘクタールが耕作可能とみている。このほか、林地が三九億

表5　世界の耕地面積　（100万 ha）

	可耕地(A)	林地	耕地・永年作物(B)	灌漑面積(C)	B/A(%)	C/B(%)	穀物収量(1 t/ha) 1992-94年	穀物収量(1 t/ha) 2002-04年
北アメリカ	480	471	232	31	48.3	13.4	5.07※1	6.14※1
ヨーロッパ	146	126	43	8	29.5	18.6	4.37	4.94
大洋州	464	162	120	8	25.9	6.7	1.71	1.71
日本	5	24	5※2	3	95	60	5.58	5.95
移行経済圏	632	937	253	25	40	9.8	1.96	2.32
先進地域	1727	1720	648	75	37.8	11.5	3.21	3.8
サハラ以南アフリカ	1007	644	181	7	17.9	3.9	1.01	1.07
近東・北アフリカ	459	29	100	29	21.8	29	1.97	2.36
アジア太平洋	1030	512	463	61	45	13.2	3.09	3.46
ラテンアメリカ・カリブ海	784	964	168	19	21.4	11.3	2.47	3.01
発展途上地域	3280	2149	912	116	27.8	12.7	2.55	2.84
世界	5007	3869	1560	191	31.3	12.2	2.8	3.17

（出所）　FAO, *The State of Food and Agriculture 2005*, Annex Table A3, A5 より作成.
※1　アメリカ合衆国の数字．カナダは各 2.57，2.68 トン．
※2　四捨五入により 5 で表したが，実際は 4.5.

ヘクタールある。だが、実際には気候条件、水の入手可能性等により可耕地（植物栽培が行なわれた場合、一定度の食料収穫が可能な土地）はその半分の二四～三〇億ヘクタール（アメリカ政府や国連の推定）とみられている。

表5は、FAOによる広義の可耕地の三～四割が、先進地域、発展途上地域を平均してすでに耕されていることを示している（ただし、北アメリカ、アジア、移行経済圏での既耕率は、四～五割に及び、かなり高い）。

これだけみると、地球人口が倍増する二一世紀の前半にかけて、食料危機が現れる可能性、蓋然性が高いように思われる。すでに二〇〇六年末からの穀物価格高騰に際して、「食料危機」との気の早い声も上がっている。

しかし、この耕地面積は現在耕作に供されている純面積であり、二毛作、三毛作の可能性を考えていない。ところが、現在の耕地一六億ヘクタール及び三四億ヘクタールと見積もられた潜在的可耕地の大部分は、自然降雨による一毛作地域である。現に穀物の耕地・永年作物地で灌漑面積は一割強にすぎない。

もし、河川等の水利・灌漑の可能性が発達させられるならば、現在の可耕地の約四割強で二毛作(一部の熱帯地域では三毛作)が可能になる、といわれている。この場合に粗耕地面積(純耕地面積×年間耕作回数)は三六億ヘクタール程度にふえうる、と専門家はみている。

現在の技術水準で一ヘクタールの土地はすでに世界平均三トン強の穀物を生産している(先進国での小麦・米収量は一ヘクタール五～六トン)。一トンの穀物は年間六・七人を扶養するから、一ヘクタールは優に二〇人を養いうる。そして三六億ヘクタールの粗耕地面積は、それがすべて穀物生産にむけられ、その穀物が直接人間により摂取されたと仮定するならば、いまの生産性を前提としても、七二〇億人の人間を養いうることになる(一九七四年ブカレスト人口会議の国連報告『人口、資源および環境』では七六〇億人)。

さきにみたように、地球人口が九〇～一一〇億人前後で定常化する可能性があるとすれば、少なくとも食料面からする「地球の定員」説は根拠をもたないだろう。

すると現在世界に現れている飢えは、人口―食料バランスの悪化によるのではなく、その他の原因による、と考えられる。

その他の原因の一つは、南北間の不均等な国際分業によるものである。すなわち二一世紀の初頭になっても、途上国は毎年一億二〇〇〇万トンの穀物を先進国から輸入しながら、自らは年一七〇〇万トンの粗糖、七五〇〇万トンのバナナ、一〇〇〇万トン以上の柑橘類やその他の果物、五五〇万トンのコーヒー豆・ココア豆、そして一億六〇〇〇万トンの粗粒穀物・キャッサバ(その多くは飼料用)など、膨大な食料を先進国に輸出している。近年では、トウモロコシ等がバイオ燃料に利用されるようになり、穀物価格が高騰し、途上国の多くの人びとにとって、入手が困難な状況が現れている。食料はふんだんにありながら、貧しい人びとの口に入らないだけなのだ。

そもそも最近数世紀において、低開発地域を先進国むけの原料供給地とするために、膨大な人びとが土地から追い立てられたり、社会構造を変えられたりして、プロレタリア化した。ここに今日の途上国の人口問題の歴史的源泉があるといって過言ではない。そして、この国際分業は工業化と付加価値の取得を先進国に割り当てて、そこでの完全雇用を先進国労働者階級に保障したのである(とくに大戦後の二〇年間)。そのかぎりで先進国の人びとには世界的規模での人口問題の所在がみえなかった。

そして、この国際分業は、植民地からの独立後もかえって強まる傾向さえ示している。独立政府が工業化をめざして、その資金源泉として輸出作物を拡大する政策を選んでいるからである。そこにはブラジルの大豆、トウモロコシ、インドネシアの椰子油等、近年耕作面積が著しく拡大している食料も含まれる(椰子油の場合は化粧品にも使われる)。今日でも、途上国の耕地は必ずしも途上国の大衆の日常的な基本的必要、とりわけ食生活の向上に役立てられていない。

第二に、北の世界では肉食の普及により、やはり八〇年代後半に全穀物の六割以上が家畜飼料にむけられている。途上国では飼料用穀物の比率は一五%である。食肉需要は今後とも増加を続けるだろう。ＦＡＯの調査によれば、二〇〇〇年には先進国の穀物生産で食料にむけられるのは二割弱だが、途上国では七二%が食料むけとなっている(飼料用は各六五%、二〇%で残りは「その他」の利用(ＦＡＯ『二〇〇〇年の農業』))。

二〇〇五年以降は、前述のように穀物がバイオ燃料にむけられ、穀物価格が高騰して、貧困層の手に入りにくくなっている。年率三%と、人口増加率を上回って農業生産が二一世紀にかけて増加したとしても、その恩恵は、先進国の人びとと途上国の富裕層のための食肉生産、また自動車燃料の増産へとむけられ、南の貧困大衆一般にはとうてい及び得ない。現にいまの穀物二〇億トンがすべてそのまま人間の一次的食料にむけられたとすれば、生産性の増加や耕地の拡大がなくても、地球は一三〇億人以上を養いうる勘定になる。

第三には、途上国内部で、地主制その他の制度的理由により、多くの大衆が土地を所有することができない状態にある。ラテンアメリカでは、全農場にたいし一・五%の農場が耕地面積の六五%を占めている。他方で四分の三の農民が全体の四%弱の土地にひしめいている。南アジアの農村でも、土地なし農民の比率は、平均して農村人口の四割程度に及ぶ。こうした条件のもとで、飢えが土地なし農民・農業労働者の間にまん延する。

このようにみると、国連人口会議の席上で、ある南の代表が述べたように、「人口問題があるのではなく、資源分配の不平等の問題があるだけだ」という認識が、南の世界の人びとの間に根づよくみられる理由が理解できる。

表6　世界のエネルギー消費(2004-10年)

	人口(100万人)	エネルギー消費(石油換算100万トン)			1人当たりエネルギー消費(石油換算トン)
	2005年	2004年	2010年	2020年	2004-05年
北アメリカ	331	2,595	2,708	3,036	7.83
ラテンアメリカ	561	540	609	789	0.96
ヨーロッパ	728	2,102	1,920	2,068	2.89
アフリカ	905	287	299	366	0.32
中東	214	445	494	652	2.08
アジア	3,691	3,063	3,828	5,007	0.82
中国※	1,296	1,389	1,869	2,416	1.07
日本※	128	533	536	542	4.16
インド※	1,086	358	456	692	0.32
大洋州	33	133	146	173	4.03
OECD計	1,211	5,742	5,738	6,350	4.74
非OECD計	5,253	4,504	5,463	7,204	0.85
世界計	6,465	10,246	11,201	13,541	1.59

(出所)　人口は，United Nations, *World Population Prospects, The 2006 Revision*. エネルギー消費は，日本エネルギー経済研究所『エネルギー経済統計要覧』2007年度版付録，I-4-(6)「世界の一次エネルギー消費の見通し」による．
※　2004年の数字．

わたしたちは人口と食料の問題をみたが、これは天然資源一般についても同様に妥当する。

いま、世界のエネルギー利用状況をみると(**表6**)、二〇〇四〜〇五年にアメリカ人が一人当たり石油換算七・八トン、ヨーロッパ人、日本人が各三〜四トンを消費しているのにたいし、アジア人、アフリカ人の消費量は各〇・八、〇・三トン程度で、先進国の一〇分の一以下の消費にとどまる。しかしながら、途上国は世界石油生産、輸出の四分の三を行なっているのである。

これは他の天然資源の多くについても同様であり、たとえば途上国はボーキサイトの五〇%、銅及びニッケル鉱石の四〇〜四五%を生産しながら(一九九一年)、これら非鉄金属の地金消費ではせいぜい一割前後を占めるにすぎない。

人口増加と共に急増する生産年齢に達した若い人口に雇用を保障する必要からも、途上国は工業化にますます熱意をいれ、それと共にエネルギーを始めとする天然資源需要は大きく増加していくことになろう。ここから自国資源を自国で統制することをめざす資源ナショナリズム(これが途上国の提唱する新国際経済秩序〔NIEO〕の柱となる)が七〇年代に起こったことはよく知られている。

この資源ナショナリズムは二〇〇〇年代に、こんどは国内政治民主化のナショナリズムとしてラテンアメリカ諸国等から起こっている。これは、大地主制の強固なラテンアメリカ諸国で近年資源・食料価格の上昇と共に、下層階級の要求が政治の民主化や、国際関係の不平等を国内関係の不平等の是正から始めようとする動きとなったと解釈できる。

エネルギー資源は原油、天然ガス、石炭、水力、原子力などから成り、近年の消費急増で価格は上昇しているものの、むこう数十年の時期にかけて、これらが涸渇する可能性は低いと考えられる(ただし、水資源を除いて)。

しかしながらエネルギーなど天然資源は地域的偏在性が大きく、多くの途上国は、これら資源の入手に困難を覚えていくことが予想される。とくに石炭・天然ガスは先進国に、石油はOPEC(石油輸出国機構)地域に偏在している。ところが二〇〇〇年代には、世界的な余剰資金がドルの不安定化と共に、石油等の天然資源の先物買いに投資(機)され、資源価格が著しく高騰した。他方で途上国の中で工業化の進んだ国(中国、インド等)が自国資源では需要をまかなうことができず、国際市場から資源、穀物等を大量輸入するようになっており、これが資源価格の上昇、投機資金の流入の下支えをしている。

したがって今日、世界的に、資源の利用については、次のような問題が現れている。

（1）組織的な資源探査と新資源発見

（2）非涸渇性資源及び再生可能資源（太陽熱、風力、潮力、水力、海水温度差、バイオマス等）の利用推進

（3）代替資源の発明・発見

（4）資源の節約・再利用

これまで優良安価な油田・鉱山が開発されてきたために、地球上ではまだまだ組織的な資源探査は十分に行なわれていない。インドネシアでは国土の三分の二程度しか地質図ができていないし、大鉱山国のメキシコで組織的な資源探査は国土の二割弱についてしか行なわれていない。資源ナショナリズムが高まり多国籍企業の撤退があいついで以降、先進国地域での鉱物資源生産・埋蔵量がふえる傾向にある（北海、アラスカ油田はその例）のは、先進国地域での探査が進んでいることを示している。

また、非涸渇性資源の開発利用は、今後資源需要量の増大とともに鉱山開発・資源消費の両面で環境破壊が進むことが予想されるために、きわめて重要である。そして、先進工業国ではやはり石油ショック以降、代替資源・原材料・資源節約の面での技術革新が進んでいるが、同様の努力が途上国においても必要となる。たとえば、日本では生産されるエネルギーの六割近くが利用されているが、中国ではその半分の三〇％にとどまる。

したがって、人口増加と共に資源涸渇の心配をすることは必要ではないだろう。むしろ資源の有効利用の面での国際協力は今後ますます重要になるし、とくに日本のように途上国資源への依存度の高い国にとって、その必要性はいっそう大きいに相違ない。日本では一九九〇年代以降、環境基本法、循環型社会形成法に沿い、循環型社会づくりが進んでいるが、こうした面で日本が二酸化炭素（CO_2）排出抑制をも含めた省資源型の循環型社会形成のよい見本となることができれば、日本に続いて工業化の道をまい進している多くの途上国にとって、大いに参考となるだろう。

最後に、人口と環境の関係について触れておきたい。

人口と資源（食料）のバランスについてはこれまでみたとおり、二一世紀にかけていわゆる「物理的制約」はまず問題にならないが、環境問題については事情が異なる。

人口の環境に与える影響については、工業地域と発展途上地域で、その主な様相が異なる。工業地域では、エネルギー、とくに炭化水素燃料の使用による大気中のCO_2の増加の問題が、多くの関心を集めている。一九世紀末から今日まで、大気中のCO_2含有量は約二九〇ｐｐｍから三七〇ｐｐｍへと約二八％ふえ、そのうち一九五〇年から二〇〇〇年までの半世紀間に約二四％ふえている。このほか近年ではメタン、フロン、亜酸化窒素などの人工ガス類の蓄積も急増している。

大気中でのCO_2の蓄積は、一方では植物の代謝作用を促進して、農業に好影響を与えうるが、他方ではいわゆる「温室効果」により地球の平均気温をひき上げ、近年増大している細塵の増加（火山灰、砂塵、物質燃焼による塵）と共に、地球の生態系や人類の健康に悪影響を及ぼす可能性（水の蒸発、曇日の増加など）が考えられる。ただし、その効果については未だ十分な研究が行なわれていない。

このほかに、工業化合物の環境蓄積による人体へのさまざまな影響、そして原子力の利用に伴う核廃棄物の環境悪化作用も深刻な問題である。このため、アメリカ、日本などでも原子力発電所の設立が大幅に遅らされる傾向にある。

開発途上地域では、農村から都市へ、さらに工業地域(国)へと人口移動が生じる結果、都市では過密、農村では過疎からくる環境悪化が進む。都市では地価上昇、スラム化による居住条件悪化、河川等の環境汚染、交通難が現れる。バンコクでは過度の地下水くみ上げによる地盤沈下から降雨時の浸水が大きな問題になっている。また、農村地域では主要なエネルギー源である薪《まき》の使用(多くの国で農村人口一人当たり年間一トンを消費する)により森林伐採が進み、家畜の放牧、先進国への木材輸出と並んで、途上国の砂漠化、土地浸蝕を進めている。森林伐採により地球上の生物の多様性も失われる。サハラ砂漠やインドのラジャスタン砂漠は毎年恐ろしい勢いで拡大し、周辺の可耕地を奪っている。地球温暖化に由来するとみられる海水面上昇から、バングラデシュのガンジス河河口地帯は毎年サイクロン時期に浸水被害を出しているし、太平洋でさんご礁が隆起した島々では、水位が上昇し、生活被害が日常的になっている所も出てきた。

これらの環境悪化要因は、世界的な生産力の高まり、相互依存関係の進展と共に、当然のことながら地球的規模で南北双方に影響を及ぼすことになる。途上国での旱ばつや食料危機は日本など先進国の食料価格にはねかえる。また、後者の人工ガス大量排出や産業廃棄物投棄の試みは、前者の住民に脅威を与えている。先進国で禁止された農薬が、多国籍企業の手で生産され途上国で使用されている結果は、汚染農産物の先進国への逆上陸として現れる。

地球の環境悪化は、人口増加と一義的に関連づけられるべきではないが、しかし「貧者の人口圧力」と共に「富者の人口圧力」も日ましに大きく、世界的規模での意識的な対策が必要になっている。すでに一九世紀中葉にイギリスの思想家J・S・ミルは「地球にその楽しさの大部分を与えているもろもろの事物」が富と人口の増加により奪われる可能性について警告を発したが、地球の楽しさが失われることになれば、後世の人たちのためにも「必要に強いられて〔経済の〕定常状態に入るはるか前に好んで定常状態に入る」(『経済学原理』第四編第六章)べきだとする彼の主張は、とりわけ豊かな国の人びとにとって吟味に値するだろう。ここでいう「定常状態」(stationary state)とは、資本蓄積、経済成長をひたすら追求するのではなく、人口増加にみあった程度の安定的な成長、自然の生態系とバランスのとれた発展をさし、近年国際社会で「持続可能な発展」という言葉でさし示されている状態である。

この点では、日本が京都議定書で地球温暖化の食い止めへのイニシアチブを取ったことは高く評価されるが、一九九〇年を基準として、二〇〇八〜一二年に六%削減という国際目標にかんして、それを達成できない現状がある。とくに、民生・運輸面でのCO_2排出がこの間(一九九〇〜二〇〇五年)増加し、全体としてCO_2排出が八・七%増加しているのである。日常のCO_2排出をどう抑え、国際的なCO_2排出の抑制、地球温暖化の防止に役立てていくかは、わたしたち日本人にとって大きな課題であるといわねばならない。

第5章　新しい問題——都市化、移民、教育化

今日の世界人口の増大の中で、都市化の急速な進展、とりわけ、大都市化の進展が地球社会の将来にとって注目される。

一九世紀の産業革命以降、先進地域で進んだ都市化は工業化と結びついていたが、今日の途上国におけるそれは、工業化だけでなく他の要因が大きく働いていることは前述した。先進国において二世紀かかった都市化の規模(一九六〇年に人口の五〇%、二〇〇七年に七七%が都市住人)が、途上国ではわずか数十年で達成されようとしている(二〇〇〇年に四〇%)。一九七五年には近代史で初めて、南の都市人口が北のそれを上回り、以後この傾向が二一世紀へとむけて加速していくだろう(**図5**)。

実際、一〇〇万人以上の大都市の人口増加率は、一九七〇年代以降、先進国では平均年率二%程度だったが、途上国では六~七%に及んでいる。

途上国の都市人口(人口二万人以上)は一九六〇年にはまだ三億人程度だったが、**表7**でみるように、七〇年には六・八億人、九〇年には一四億人、二〇〇〇年には二〇億人と幾何級数的にふえ、二〇一〇年には三〇億人近くになるだろう。半世紀前には南の人口の四人に一人が都市住まいだったが、間もなく二人に一人が都市住民となる。

図 5　世界都市人口の推移(1950-2050 年)

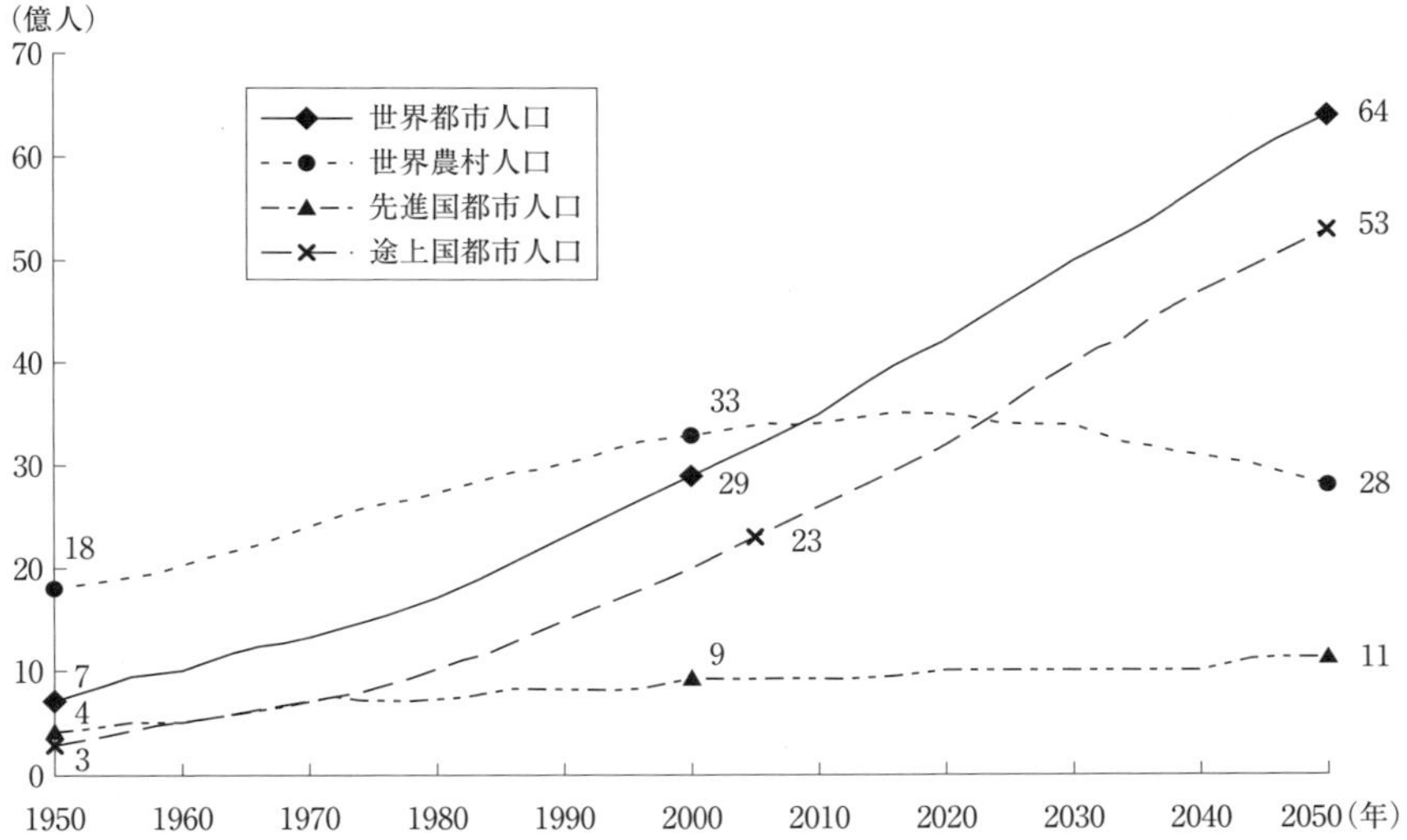

(出所)　The United Nations, *World Urbanization Prospects, The 2007 Revisions.*

また、人口一〇〇万人以上の大都市は一九九〇年時に、先進国で一三七、途上国で二〇一だったが、二〇〇〇年には前者が一四六にたいし、後者では二九四にふえた。さらに、グローバリゼーションの下、各国首都の巨大都市が、人口、資本、資源を集めて成長する傾向が続いている。

一九七五年に人口一〇〇〇万人以上の巨大都市は東京、ニューヨーク、上海、メキシコシティ、サンパウロ(ブラジル)の五つだったが、二〇〇〇年時には、その数は一九と四倍にふえ、うち先進国所在の巨大都市は東京、ニューヨークのほかはロスアンジェルス、大阪のみで、多くは途上国所在の巨大都市が占めた。国連人口計画の予測によれば、二〇一五年時には巨大都市は二三、先述の四先進国巨大都市を除いて、あとは南の都市が占め、ムンバイ(インド)、ラゴス(ナイジェリア)、

表 7　都市人口の推移※1**（1970-2025 年）**

（100 万人，カッコ内は%）

	1970 年	1980 年	1990 年	2000 年	2010 年	2025 年
先進国	698(67)	798(70)	875(73)	944(75)	1003(77)	1040(84)
発展途上国	675(26)	971(29)	1384(34)	1971(40)	2732(47)	4025(57)
アフリカ	82(25)	134(28)	233(35)	360(41)	552(48)	804(54)
アジア	502(25)	688(27)	930(30)	1292(35)	1772(42)	2723(55)
ラテンアメリカ	163(61)	236(65)	324(72)	416(77)	508(81)	600(85)
世界計※2	1374(39)	1770(40)	2260(43)	2916(47)	3736(52)	5065(61)

（資料） United Nations, *Prospects of World Urbanization 1988*, New York, 1989, Table 2; UN-HABITAT, *An Urbanizing World*, 1996, Annex Table 3; UN-HABITAT, *State of the World's Cities 2006/7*, Annex Table 1 より作成.

※1　この表での%は，当該地域における都市人口の総人口に占める比率を表している.

※2　計の不整合は四捨五入による.

ダッカ（バングラデシュ）、サンパウロは二〇〇〇万人都市に成長している（**表 8**）。

都市化は一方では資源の集中・管理、知識の集約化、多文化の出会いによる技術革新を進める。都市的生活様式のもたらす人間生活への刺激、アメニティも大事な要素である。

だが反面、急激な都市化が、社会資本投資の必要のみならず、環境悪化、食料問題、治安、感染症等、大きな社会的費用を伴うことも予想される。インドのコルコタで起こったような農業用水と生活用水の水資源等、水をめぐる争いの問題の深刻化も現れている。

いずれにせよ、いまのピッチでの都市化は農村地域に食料・原料供給を依存している世界の都市地域に大きな問題を将来投げかけざるを得ない。従来の国際分業体制が「新国際経済秩序」の樹立というかたちで、途上国の側から問い直され始めている今日、二一世紀にかけては都市の自立化を今後どう達成するかが、都市住民に問われていくことになろう。

都市化は国内移民の問題だが、国際移民は同じ根をもつ国際問題である。一九世紀をつうじては、ヨーロッパからいわ

表8　世界の巨大都市(人口1000万人以上)

1975年	(100万人)	2000年	(100万人)	2015年	(100万人)
東京	19.8	東京	26.4	東京	26.4
ニューヨーク	15.9	メキシコシティ	18.1	ムンバイ	26.1
上海	11.4	ムンバイ	18.1	ラゴス	23.2
メキシコシティ	11.2	サンパウロ	17.8	ダッカ	21.1
サンパウロ	10	上海	17	サンパウロ	20.4
		ニューヨーク	16.6	カラチ	19.2
		ラゴス	13.4	メキシコシティ	19.2
		ロスアンジェルス	13.1	ニューヨーク	17.4
		コルコタ	12.9	ジャカルタ	17.3
		ブエノスアイレス	12.6	コルコタ	17.3
		ダッカ	12.3	デリー	16.8
		カラチ	11.8	大マニラ	14.8
		デリー	11.7	上海	14.6
		ジャカルタ	11	ロスアンジェルス	14.1
		大阪	11	ブエノスアイレス	14.1
		大マニラ	10.9	カイロ	13.8
		北京	10.8	イスタンブール	12.5
		リオデジャネイロ	10.6	北京	12.3
		カイロ	10.6	リオデジャネイロ	11.9
				大阪	11
				天津	10.7
				ハイデラバード	10.5
				バンコク	10.1

(出所)　The United Nations, *World Urbanization Prospects, The 2005 Revision,* Chapter 3, UNFPA.

ゆる新大陸(アメリカ、カナダ、オーストラリア、南アフリカ、南アメリカ)への植民の波が起こった。二〇世紀に入っては、中国、インド、日本などアジアの国々から環太平洋地域への移民が行なわれた。

これらの移民は、資本主義的生産関係が農村地域へ浸透すると共に、土地を離れざるを得なくなった人びとの群れであった。この時期には人口問題といえばそのまま移民問題と受けとられたほどである。

第二次大戦後においても、ヨーロッパから南北アメリ

表9　世界の移民動向

	移民受け入れ数（100万人）		総人口中の移民（%）	地域別分布（%）
	1980年	2000年	2000年	2000年
先進国	47.7	110.3	8.7	63.1
北アメリカ	18.1	40.8	12.9	23.3
大洋州	3.8	5.8	18.8	3.3
ヨーロッパ	22.2	32.8	6.4	18.7
旧ソ連	30.3	29.5	10.2	16.8
発展途上国	52.1	64.6	1.3	63.1
アフリカ	14.1	16.3	2	36.9
アジア	32.3	43.8	1.2	9.3
ラテンアメリカ	6.1	5.9	1.1	25
世界	99.8	174.9	2.9	3.4

（出所）International Organization for Migration, *World Migration Report 2005*, Table 23.1.

カ、大洋州などへの移民は、一九五〇年代からの二〇年間だけで九四八万人に及ぶ。一九六〇年代には、北アフリカ人、西アフリカ人、スペイン・ポルトガル人のフランス流入、トルコ人、ユーゴスラビア人の西ドイツ流入、英連邦人のイギリス流入が進んだ。一九八九年以降は東欧、旧ソ連からの移民が大量に西ヨーロッパに流入している。今日では西ヨーロッパに住む外国人は三四〇〇万人に及び（人口の六・四％）、毎年新たに五〇～六〇万人の外国人が移住している。フランス、ドイツでは労働力のほぼ二割が外国人労働者となった。

表9に世界の移民動向を示したが、一九八〇～二〇〇〇年間に先進国では移民受入れ数は約四七七〇万人から一・一億人に、途上国では五二〇〇万人から六四六〇万人へと増加している。長年「労働力鎖国」といわれていた日本でも、外国人労働者の数は一九九〇年の八万人から二〇〇五年に二四万人にふえた。

さらに一九七〇年代以降、アラブ産油国に周辺諸国からの労働力が流れこみ、一九八五年にすでに外国人労働者は三五〇〇万人だったが、二〇〇〇年時には優に一〇〇〇万人を超えている（バーレーン、クウェート、オマーン、カタール、サウジアラビア、アラブ首長国連邦の湾岸協力会議六国で九六三万人)。

また、アメリカは一九七〇年代には、年間四〇万人の移民を各地より受け入れたが、一九七八年以降、難民がこれに加わり、一九九〇年代の移民受入れ数は年一〇〇万人程度、二〇〇〇年には三五〇〇万人の外国人が定住し、世界最大の受入れ国である(第二位はロシア連邦の一三三〇万人)。このほか、アメリカに滞在する非合法移民の総数は三〇〇万人以上といわれる。

南北格差の拡大、交通通信の発達、グローバリゼーションの進展と共に国際移民の波は——戦争・災害による難民のそれと共に——絶えず上昇している。この国際移民の波については次のことに注意しておこう。

まず移民が生じる原因については「プッシュ」(押し出し)要因と「プル」(引きつけ)要因の両方が働いている。

プッシュ要因とは、人口増加、天災、土地集中等の理由により故郷で食べていけなくなり、押し出されて新天地を求めるケースであり、その多くが農村居住者である。プル要因とは、所得格差、就職機会や文化的魅力等により、ある地域にたいして他地域から人が移動するケースであり、高度成長期の東京に農村部から労働力が集まったのがその例である。だが実は、プッシュ要因とプル要因とはしばしばからみあっていて、なかなか判別が難しいこともある。ところが、大別するとこの二つに分けられるというのが従来の説明である。

しかし、グローバル化時代に入ると、新しい移動要因が出てきた。

一つは、経済グローバル化に伴い、ビジネスが国境を越え、管理職、技術者、熟練労働者が移

表10　熟練移住労働者(2001年)

	数(1000人)	総移民に占める比率(%)
オーストラリア	54	60
カナダ	137	55
ニュージーランド	36	68
アメリカ	175	17
スウェーデン	4	10
イギリス	40	32
日本(2005年※)	125	34

(出所)　表9に同じ．日本は法務省入国管理局編『平成18年版　出入国管理』．
※　日本の熟練労働者とは，「技術」「人文知識・国際業務」「企業内転勤」「技能」「教授及び教育」「法律・会計業務」「医療」「興行」の諸カテゴリーを含む．

動する例である。日本の会社がアイルランドに工場を建て、インドの技術者に研究開発を依頼する。**表10**にみるように大洋州、カナダ、イギリス等でこれら熟練労働者の移民に占める比率はきわめて高く(日本も同様)、今日の移民でこれら熟練労働者が受入れ国の経済にとってなくてはならない存在になっていることがわかる。

第二には、環境悪化、生態系異常が頻発するようになり、災害が世界的に起きやすくなっていることがある(近刊の拙著『データブック　食料』岩波ブックレットを参照)。

他方で、民族紛争や戦争の被害者もふえている。**表11**は世界の難民数を示している。一九七〇年時の四三〇万人が二〇〇〇年時には一六六〇万人にふえている。だがこれは、国連諸機関(国連高等難民弁務官事務所、国連パレスチナ難民救済事業機関)の庇護下にある国境を越えた数で、国内移民も含めるとその数は二〇〇〇年代に優に三〇〇〇万人に及ぶとみられている。

このようにして、移民の受入れは労働力補充以外の要因が強まってきた。

表12に移民の主要分類を主要国について示したが、これら先進国では二つのパターンがみられる。第一は、オーストラリア、スイス、イギリス、日本のような労働者の受入れに重点を置いている国。第二は、北欧諸国のように難民受入れを重視している国。

ところが、注意したいことは、どの国もすでに受入れた移住者の家族の受入れの比重がきわめて高く、多くの国でこの分類が移民受入れの中でも最も大きなことである。これは、移民の定着をこれら受入れ国が重視していることを示し、国の開放度のバロメーターとなっている。日本でも近年、家族移住民の三分の二が就労者で、とりわけ受入れ比重が増加しているものの、北米、北欧と比べるとまだ遅れていることが**表12**からわかる。入国・定住政策にかんする閉鎖的傾向を露呈しており、このままでは、世界の多文化傾向から孤立することになろう。

移民はまた、アラブ諸国においてのみならず、南の国の間でもさかんである。ベネズエラ、アルゼンチン、ナイジェリアなどには各二〇〇万人程度の外国人労働者が流入している。一九八二年に起こったナイジェリアからの一〇〇万人にのぼるガーナ人の強制送還、インドのアッサム州でのバングラデシュ人迫害、スリランカで起こっているタミール人迫害等はそこから生じた紛争の一例である。

アジアでは、中東、旧宗主国への出稼ぎ労働力、インドシナ半島からの難民流出のほかに、最近では日本、ＮＩＥＳへの出稼ぎ労働者が急増している。日本での合法的就労者は七〇年代の一万人から八〇年には二万人、九〇年代初頭には八

表11　世界の難民　（100万人）

	1970年	1980年	1990年	2000年
途上国	3.1	8.1	17	13.5
アフリカ	1	3.6	5.4	3.6
アジア	2	4.3	10.4	9.8
ラテンアメリカ・カリブ海	0.1	0.1	1.2	0
先進国	1.2	1.5	2	3.2
北米	0.5	0.6	0.6	0.6
大洋州	0	0.3	0.1	0.1
ヨーロッパ・旧ソ連	0.6	0.5	1.3	2.4
世界	4.3	9.5	19	16.6

（出所）UNHCR 及び Intertational Organization for Migration.
（注）計の不整合は四捨五入による．

表 12　移民※1の主要分類(1991-2001 年)　(%)

	労働者		家族の移住		難民	
	1991 年	2001 年	1991 年	2001 年	1991 年	2001 年
オーストラリア	45	55	47	33	8	12
カナダ	18	26	64	62	18	12
アメリカ	10	19	75	70	15	11
デンマーク	20	22	60	53	20	25
フランス	27	20	58	69	15	11
スウェーデン	2	2	62	65	36	33
スイス	47	55	51	42	2	3
イギリス	49	54	42	35	9	11
日本	75(2001 年)	62(2005 年)	25(2001 年)	38(2005 年)	—	—※2

(出所)　International Organization for Migration, *World Migration Report 2007*, Table 23-7; 日本は法務省入国管理局編『平成 18 年版 出入国管理』表 15 より計算.
※1　留学・就学者を除く. 日本の場合には特別永住者(在日韓国・朝鮮人が主)及び永住者(法務大臣の特別認可による)を除いている.
※2　2001 年 32 人, 2005 年 30 人.

万人、二〇〇五年には二四万人(就労、研修労働の双方を含む)と、日本の労働力人口が一九九五年の六七〇〇万人をピークに逓減するにつれ、急増している(**図6**)。

このほか不法就労者は約三〇万人に及ぶとみられる(法務省入国管理局の推計)。就労入国者の国別分布ではフィリピン、アメリカが多い。NIES諸国・地域が他アジア地域から受け入れている外国人労働力は二〇〇〇年前後で四〇〇万人以上にのぼるとみられる。

移民や不法移民(今日世界で総計五〇〇〇万人以上にのぼると推定されている)は、多くの地域で従来の国民国家による統合形態を揺るがし、独自の言語・文化・宗教等をもつ民族集団(エスニシティ)の位置を強めることになっている。それはしばしば、国際的には紛争、国内的には人種差別や人権蹂躙《じゅうりん》をひき起こしがちである。そのため移民問題の根源にある南北間や地域間の格差縮小への取組みが要請されると共に、多くの場合、無権利状態にある移民・難民の人権を確立す

図6　労働力人口・労働力率及び外国人労働力人口（1970-2005年）

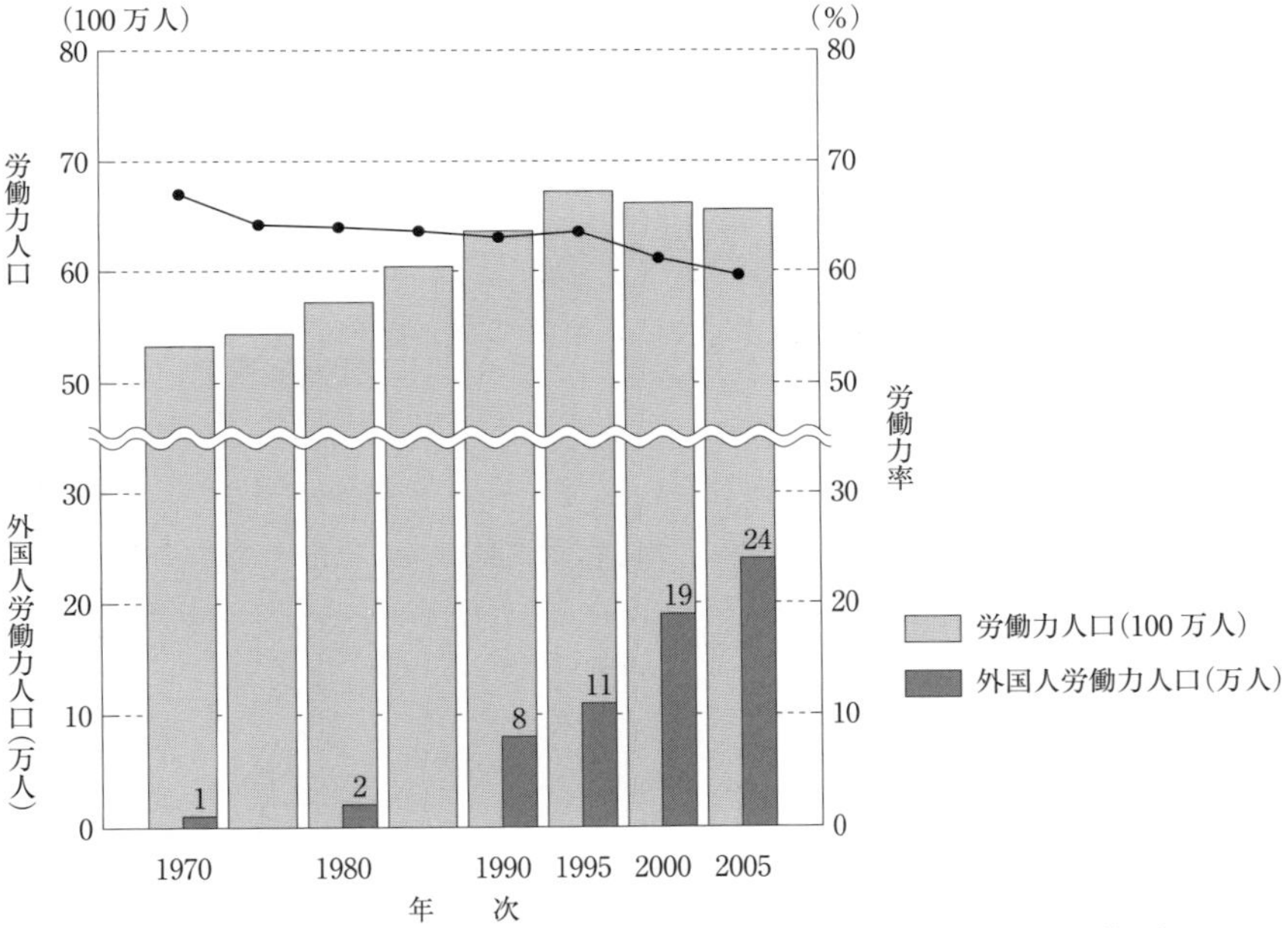

（出所）　総務省統計局『各年版 国勢調査報告』，法務省入国管理局『各年版 出入国管理』．

るための国際協力が重要となってきている。

今日の大量人口移動に伴う国際移民・難民の人権を保障すべく、国連は一九九〇年末に「すべての移住労働者及びその家族の権利保護に関する条約」を採択したが、先進国側はこの条約が不法就労者の権利をも保護する観点に立っていることから、必ずしも批准に積極的ではない。

最後に、人口構成の変化から起こる教育化の影響を考えよう。

図7から知られるように、先進国での人口構成はいわゆる釣鐘型で、一四歳以下の若年人口は総人口の一七%にとどまる（二〇〇五年）。しかし途上国ではこれはピ

図 7　先進国と開発途上国における人口ピラミッド(2005，2025 年)

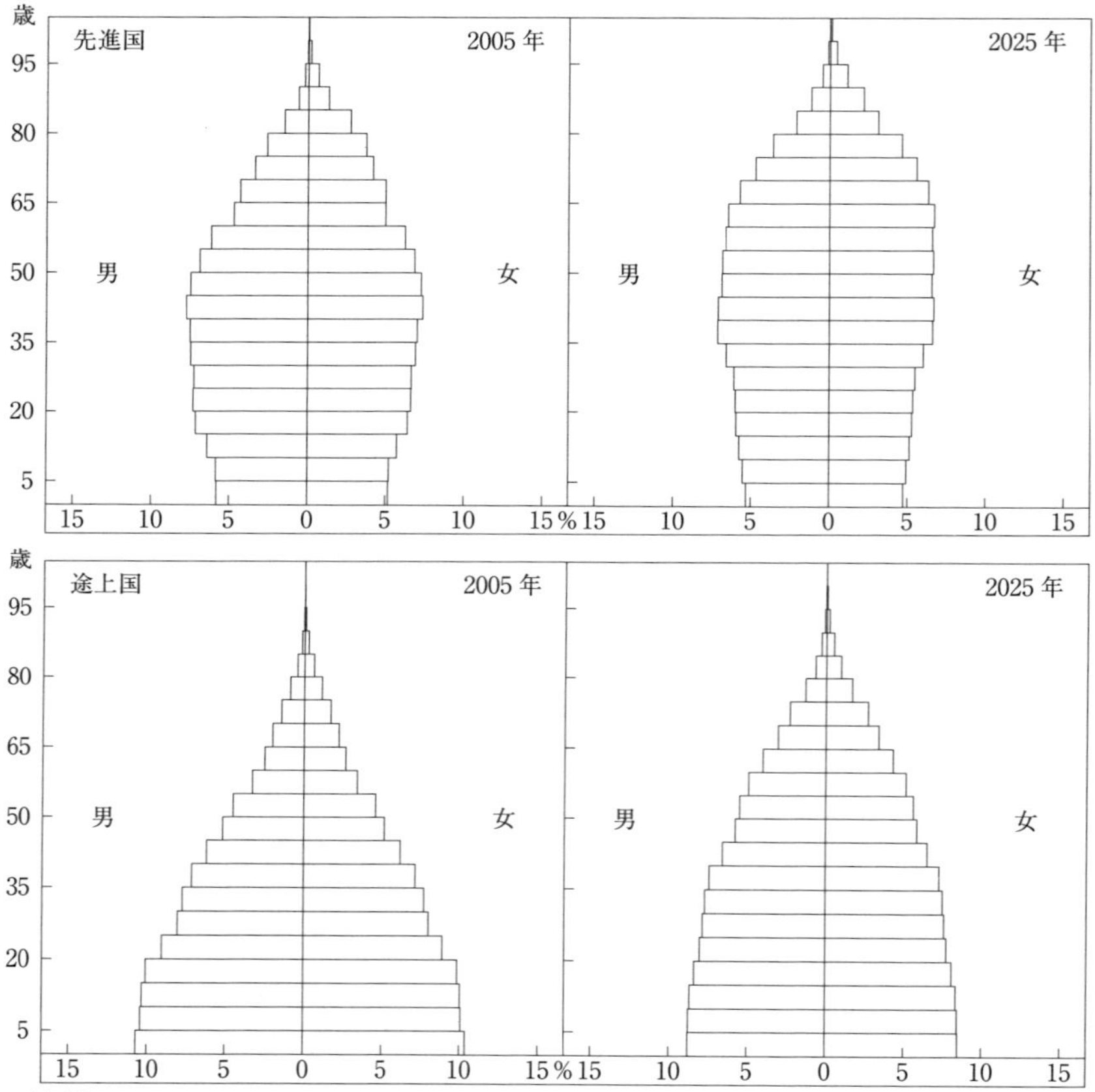

(出所)　United Nations, *World Population Projects, The 2006 Revision*, New York, 2007.

ラミッド型で、一四歳以下の人口は総人口の三一％程度と、かなり高い。六五歳以上の高齢人口は、先進国で一五％であるのにたいし、途上国では五・五％にとどまる。途上国は一般にきわめて若い社会である。この傾向は二一世紀初期の数十年間続くが、二一世紀半ばからは途上国も釣鐘型へと移行するだろう。

この若い人口構成は二つのことを意味している。

第一に、途上国での雇用圧力は二一世紀初めにかけて急速に増す。ＩＬＯ（国際労働機関）の報告によれば、一九七〇年に二五歳以下の若年労働力は世界で四億四〇〇〇万人おり、その四分の三は途上国にあった。二〇〇〇年までに途上国での若年労働力数は一億五五〇〇万人（約五割）ふえ、その四分の三はアジア、アフリカでふえた。しかし、先進国では五五〇万人（五％）減少している。

こうして途上国での若い労働力の増加は、いっそうの雇用創出の努力を政府に要求することになるし、また他方で、先進国企業の途上国進出と途上国の労働力の先進国移動を促進する原動力となっている。

第二に、途上国での教育需要はいちだんと増大する。一九六〇年に途上国での初等教育普及率は四六％だったが（ユネスコ『世界教育報告』一九九一年版）、九一年には八〇％、二〇〇五年には八八％に達した（**表13**）。

表 13　初等教育就学率（1991-2005 年）　（%）

	1991 年	2005 年
サハラ以南アフリカ	54	70
大洋州	75	78
西アジア	81	86
旧ソ連	91	90
南アフリカ	74	90
東南アジア	94	94
中央アジア	89	94
東アジア	99	95
ラテンアメリカ・カリブ海	87	97
北アフリカ	82	95
途上国	80	88

（出所）United Nations, *Millenium Development Goal Report 2007*, P-10.

中等教育の普及率もこの間五人に一人から二人に一人(二〇〇五年に五三%)へと進展した。実際この間、途上国での初等教育普及率は年々五~六%の勢いで増加した。

教育の普及は、増大する若年人口を前提とすると、莫大な教育投資(設備、資材及び教員)を必要とする。また、登校者の増大は、一方では若年人口の労働参加率をへらすが(途上国では一五~一九歳人口の労働参加率は七〇年に六四%だが、これが二〇〇〇年には四三%にへった)、他方では、高学歴者にたいする、より熟練度の高い雇用の必要をつくり出す。

この点にかんして、就学率の全般的上昇にもかかわらず、初中等教育を受け得ない子どもの数が、依然として、女子、農村、貧しい世帯で多いことに注意をはらっておこう。国連報告によれば、二〇〇五年に初等教育段階で女子の二〇%(男子の一七%)、農村子女の三一%(都市では一八%)、そして最貧困二〇%世帯では、子女の三七%(四〇%層とすると三四%で三人に一人)が依然として初等教育を受けられていない。小学校に通えていない子どもの数は今日でも一億人に及んでいる。貧困国ではドロップアウト率も高く、中等教育年齢で学校に通っている子どもの五人に一人が中退している(国連『ミレニアム開発目標』二〇〇七年報告)。このことは正規の教育と並んで、成人教育、非正規教育の必要性がきわめて高いことを意味している。ユネスコの発表(二〇〇八年四月)によれば、二〇〇八年段階で世界の非識字者は七億七四〇〇万人に及び、その三分の二(六四%)が女性である。こうして、人口増加の問題への取組みは、経済社会全般の発展、ジェンダー差別の解消と不可分であることが知られる。

第6章　高齢化社会の到来

第二次大戦後、人類の寿命の延びにはめざましいものがある。一九五〇年代前半に男女とも四八歳であった人間の平均寿命(誕生時に期待される寿命)は、二〇〇〇年代前半には男性六三歳、女性六八歳へと延びた。先進国では同じ期間に平均寿命は六六歳から七四歳へと延びた。日本では男性七九歳、女性八六歳である。途上国では一九四〇年に平均四二歳で亡くなっていた人たちが、男性六二歳、女性六五歳まで生きることを期待できるようになった。

こうした寿命の延長は、先進国における出生率の低下と共に、さきに**図7**でみたような釣鐘型の人口ピラミッドを先進国で実現した。その結果、ヨーロッパ先進社会では一九五〇年代にはすでに、高齢者(六五歳以上)人口の総人口に占める比率が一〇%を超え(当時日本は五%)、高齢化社会——高齢者の数や比率が増加し、従属人口(一四歳以下の年少人口や高齢者人口)の生産年齢人口にたいする割合が高まり、人口増加率がゼロへと近づく(すなわち人口動態が静止化、あるいは定常化し)、そしてやがては総人口が減少にむかっていく社会——へと移行していったのである。国連の長期予測(中位)によれば、二〇一五年以降ヨーロッパの人口は低下傾向に移る。

日本の人口高齢化は、欧米諸国に比べると、まず第一に高齢化のテンポが速い、という特徴をもつ。**表14**にみるように、一九六〇年の高齢人口(六五歳以上)の総人口比五・七%から、二〇〇

表 14　主要先進国における人口高齢化（65 歳以上人口）の推移　（%）

国名＼年	1960	1970	1980	1990	2005	2020
フランス	11.6	12.9	14.0	13.8	16.6	20.8
ドイツ	11.5	13.7	15.6	14.9	18.8	22.1
イギリス	11.7	12.9	15.1	15.4	16.0	18.8
スウェーデン	12.0	13.7	16.3	18.1	17.2	21.4
アメリカ	9.2	9.8	11.3	12.1	12.3	15.8
日本	5.7	7.1	9.1	12.1	19.7	29.3

（出所）　国立社会保障・人口問題研究所『人口の動向　日本と世界――人口統計資料集 2007』表 2-16，2-18.

五年には一九・七％と、世界一の高齢国となり、他の諸国の二倍のテンポで高齢化が進んだ。

第二に日本の高齢化はその度合いが大きい。二〇二〇年には高齢人口は二九％、三人に一人となる。したがって、日本の場合には世界にさきんじて、二〇〇六年をピークに総人口の低下傾向が始まっている（国立社会保障・人口問題研究所の二〇〇七年将来推計）。

このような意味で、日本の高齢化の経験は、少産少死型への移行の端緒につき日本と同じパターンをたどりつつある、多くの途上国の注視の的でもある。

社会の高齢化を別の面からみると、それは少子化にほかならない。実際、日本の女性の出生力（合計特殊出生率）は一九三〇～四〇年代の四人台から第二次大戦を経て急速に下がり、一九七〇年代半ばには二人を割るようになり、一九九〇年には一・五〇人、二〇〇五年には一・二六人にまで下がっている。通常、人口維持（置き換え）水準は二・一人程度とみなされているが、日本はこの置き換え水準をはるかに下回っている。つまり、夫婦二人が一・三人の子どもしか産んでいないのである。したがって、日本の総人口は二〇〇六年の一億二七七七万八〇〇〇人をピークに漸減を始め、二〇一二年から二〇一三年にかけて、一億二七〇〇万人をも割り込むことになる（国立社会保障・人口問題研究所の推計）。

このような高齢化・少子化は社会や経済のあり方に大きな影響をもつ。まず考えられるのは労働力不足問題で、実際一九九〇年代後半から日本の労働力は減少傾向に入り、外国人労働力の移入で現在六五〇〇〜六六〇〇万人のレベルをようやく維持している状態である。経済の知識集約化、ネットワーク化等、ソフト面の付加価値増大の比重が飛躍的に高まることになろう。同時に外国人と並んで、女性、シニア人口が労働力市場を支えていくことになる。これらの人びとの社会的活動の条件をさらに整えていくことが必要となる。とりわけ、社会・職場・家庭のあらゆる分野で男女の共同参加を名実共に進め、男女が共同して労働力不足時代に対応していくことが重要となろう。

第二に、社会の価値観が変わらなければならない。青少年がどんどんふえている社会では、子どもを養う必要からも資本蓄積や生産効率が重視され、それをめぐる競争が活発となる。だが、高齢者がふえ、子どもが少なくなる社会では、地域や家庭の人間生活に占める比重が大きくなり、生活の質が重視されるようになる。社会の価値観は多様化せざるを得ない。日本の場合、二〇〇五年に高齢人口が二〇%を上回ったが、この高齢化傾向が続くとすると、二〇二〇年代初めには人口の三〇%が高齢者、さらに二〇二〇年代後半には後期高齢者が六五〜七四歳の人を上回ることになる。そして、二〇五〇年には高齢者の三人に二人が後期高齢者という超高齢化社会に突入する(**図8**、**表15**)。

第三に、高齢化社会とは人間が会社という名の競争社会から解放されるよいきっかけである可能性が高い。「日本型経営」といわれるような終身雇用制、年功賃金制で人間を会社にしばりつ

図8　日本の総人口，高齢人口・超高齢人口の推移(1947-2050年)

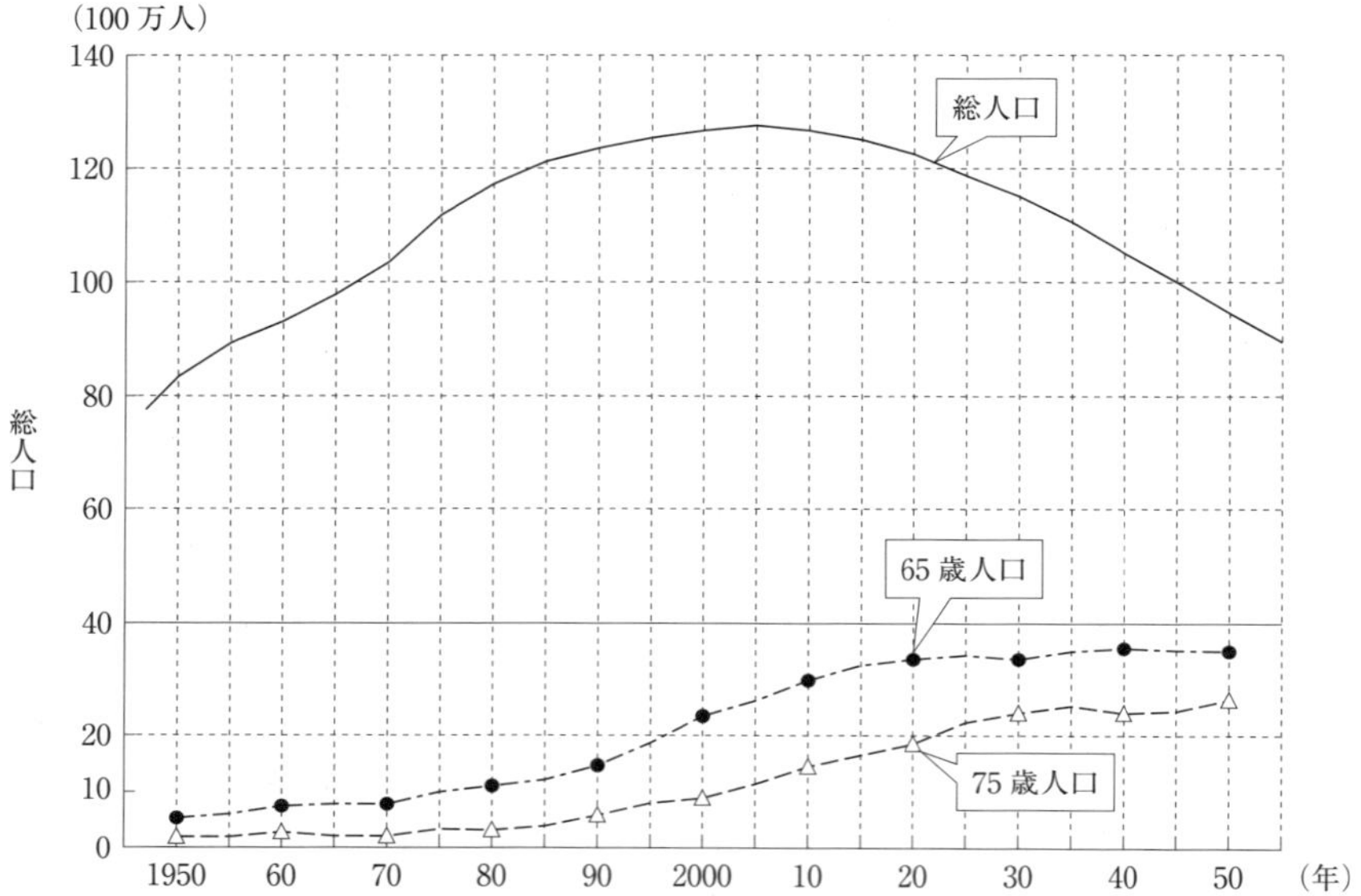

(出所)　国立社会保障・人口問題研究所『人口の動向 日本と世界――人口統計資料集』2007年版，表2-9，2-18，及び同書2006年版.

ける制度も、会社内の年齢構成が高まってくる(日本の製造業で五〇歳以上の労働者は一九六〇年の七%から九〇年には二〇%に高まった)と共に揺らぎ始め、さらにグローバリゼーションの下で導入された効率主義・能力主義により、「日本型雇用」も崩壊途上にある。だが反面、誰もがビジネス起業のチャンスに恵まれ、地域でのNPO企業の可能性も広がっている。「会社人間」が減るような社会では、効率優先主義に背をむけて、一人ひとりの個性をだいじにする気運が高まる展望が出てくる。

第四に、高齢者の比重が高まることは、より少ない生産年齢人口でより大きな非生産的人口を養うことを意味するから、高齢者にたいするケアの保障、

表 15　日本の総人口にたいして高齢人口の占める割合の推移　(%)

	1950年	60	70	80	90	2000	10	20	30	40	50
65歳以上※	4.94	5.73	7.06	9.1	12.07	17.38	23.1	28.9	30.9	34.8	36.9
75歳以上	1.27	1.74	2.13	3.13	4.84	7.1	11.2	15.1	19.1	20	23.3

(出所)　国立社会保障・人口問題研究所「日本の将来推計人口」(2006年12月).
※　65歳以上には75歳以上のパーセンテージも含まれている.

公的年金制度の安定化、そして社会的連帯感の確立などの問題が生じてくる。

日本で少子化が急速に進んだ背景には、女性の社会的進出と共に、男女双方の非婚化・晩婚化が進んだ事情がある。実際、一九七〇年代初めに男性は平均二六・七歳、女性は二四・二歳で結婚していたが、二〇〇五年には男性二九・八歳、女性二八歳で結婚するようになっている。

他方で、高等教育(大学・短大)への進学率は、一九九〇年の三六・三%から二〇〇六年には五二・三%へと高まった。男性は三五・一%から五三・六%へ、女性は三七・四%から五〇・九%へとそれぞれ大きく伸びたが、注目されるのは、かつて女性の高等教育の三分の二(一九七〇〜八〇年代)を占めた短大の比率が急減し、四年制大学への進学率が同じ期間に一五%から三九%へと二倍以上になったことである。このような女性の高等教育化は当然、少子化と相関関係をもっていると考えられるが、女性の職場進出や自立をうながし、いいかえれば、人権意識の進展を背景としていると考えられる。いずれにしても少子高齢化の進行は一部にいわれるように、けっして暗いイメージの社会を招くのではなく、むしろ、いままでどの先進社会も経験していなかった、人間の個性や創造力や連帯性が重視されるような、質的により高次の社会へと進み出すきっかけであり、先進社会は大きな質的発展の入り口に立っていると考えるべきだろう。

ただし、日本の女性の出生力が先進社会の中でも急速に、かつ格段に下がっていることは問題なしとしない。デンマーク、スウェーデン等も一九八〇年代初めには出生力が各一・四、一・七程度にまで下がった後、出生や育児のための社会的条件を整えて、人口置き換え水準である二・一に近くなった経緯がある(**図9**)。アメリカは人口移入の要素が大きく、フランスは社会的条件整備と人口移入双方により、二・〇程度の水準に出生力を回復することができた。*

＊ 日本やヨーロッパの一部の国で出生力が人口置き換え水準を大幅に割るようになった背景として、一方で女性の社会的進出が急速に進みながらも、それを社会的にバックアップする制度の整備が遅れているために、女性にとって家庭と仕事の両立が難しく、それがある程度の子どもをほしいと考えながらも、現実の子ども数が大幅に少なくなる行動を招いている、との指摘もある。現実に北欧諸国の場合には、そのような仮説に立って、両親休暇法や有給休暇の五週間への延長、老親介護のための有給休暇制度等、働く女性の家庭生活を社会的に援護する政策を積極的にとって、出生力を再びひき上げることができた。

日本でも高齢化の進行に際して、それへの一つの対応の仕方として当然、外国からの労働力の移入が考えられる。これは今日のアメリカにみられるように社会発展の一つの大きな活力となることが想定される。

だが他方で、外国からの労働力の移入が今日ヨーロッパで深刻な社会的摩擦をひき起こしたり、外国人にたいする排外意識の源泉ともなっていることを考えるならば、北欧諸国の選択のように人口の置き換え水準の維持、あるいは定常化を人口政策として掲げることには十分な意味があろう。だがこの場合には、このような人口政策は、たんなる「産めよ殖やせよ」の政策ではありえず、むしろ社会開発や福祉政策と不可分のものであることを、わたしたちは認識しなければなら

図 9　主要先進国の出生力(1975-2005 年)

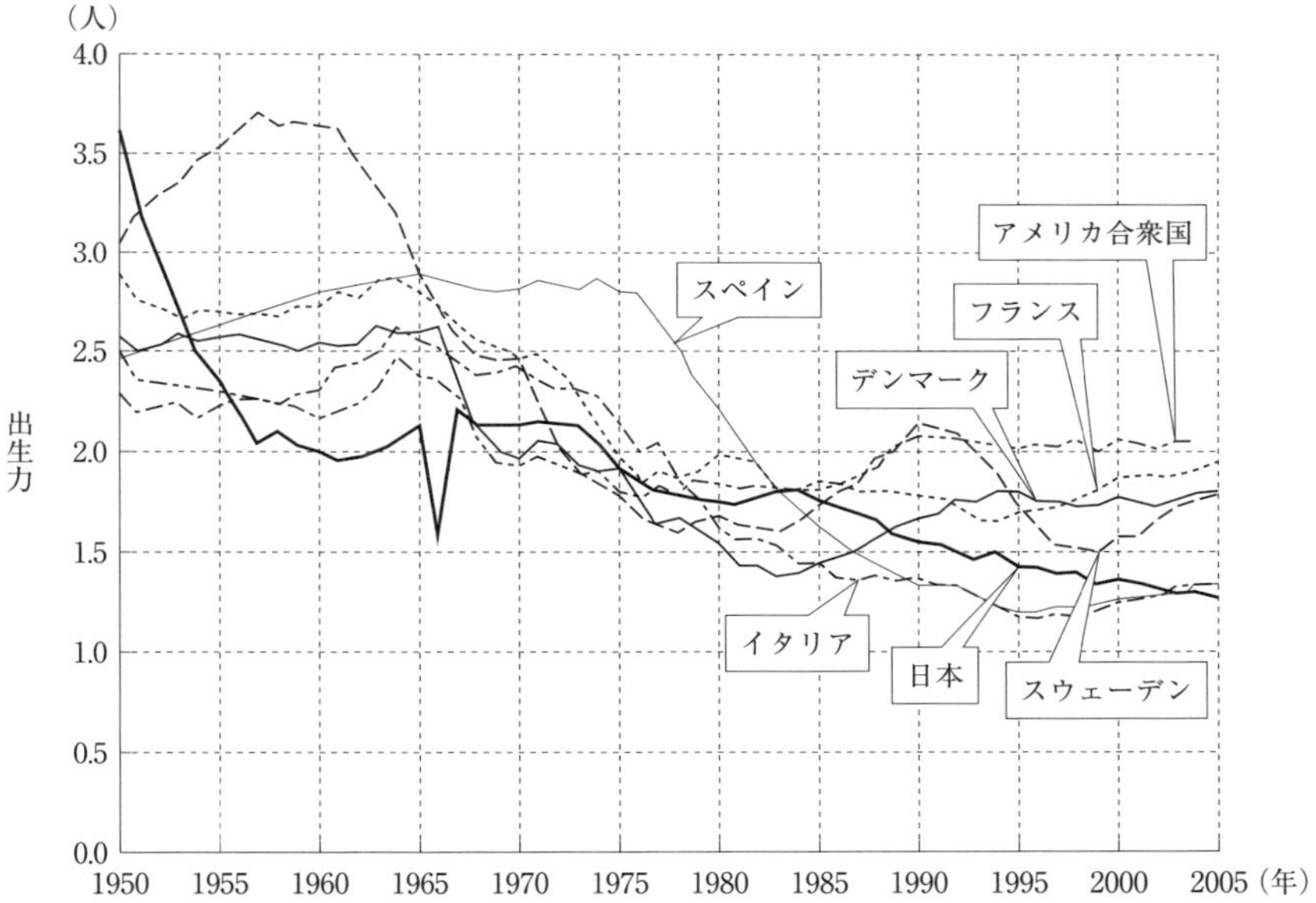

(出所)　国立社会保障・人口問題研究所『人口の動向 日本と世界 ── 人口統計資料集』2007 年版，図 4-2.

ない。

さて、社会における高齢者の位置づけについて、さらに議論を進めることにしたい。現在すでに世界の六五歳以上の高齢者の六割は途上国に住んでおり、平均寿命の延長と共にその高齢化は、日本のそれと同様に速く進むものとみられる。世界の高齢者人口は一九九〇年に三億二七六三万人だったが、二〇二五年には八億三二〇〇万人と三倍近くにふえ、その七割が途上国に住むことになる。

このような世界的な高齢化の流れの中で、一九八二年、オーストリアのウィーンで開催された最初の「高齢化に関する世界会議」では、高齢化の進展を「世界中で社会的経済的開発が行なわれ、個別的分野の努力

図10　従属人口(高齢者+子ども)の推移(1950-2050年)

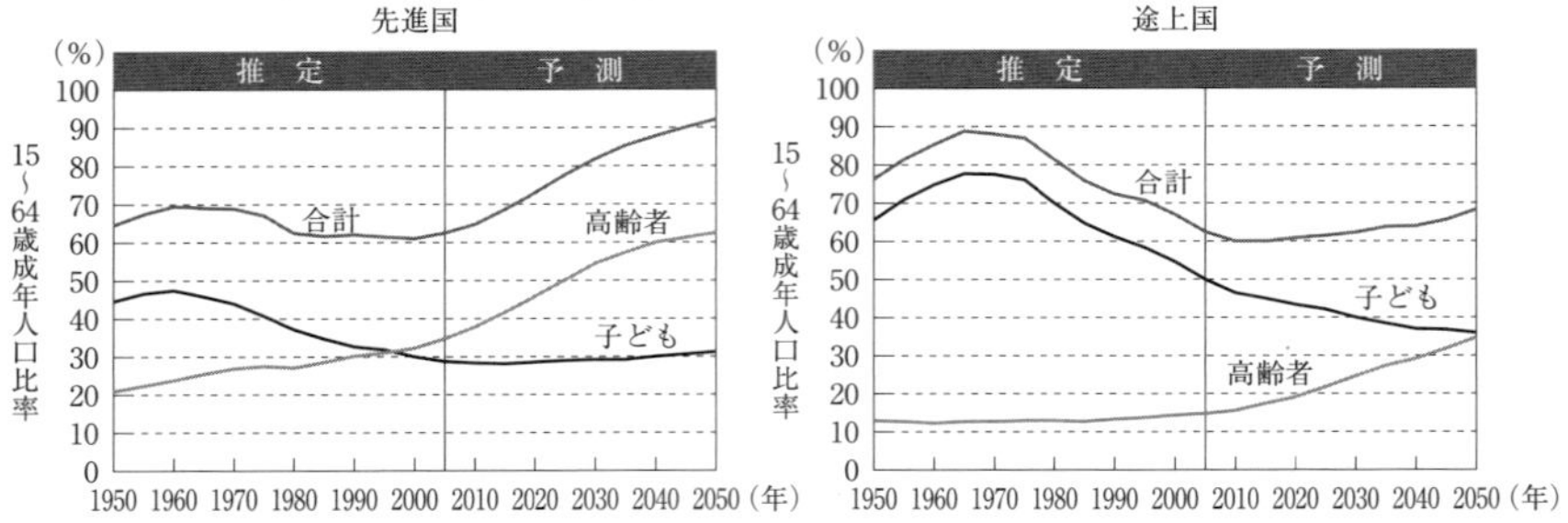

(出所)　United Nations, *The World Populations Projects, The 2006 Revision*.

で最初の、そして最も顕著な成果が見られた」例だと評価している(高齢化に関する世界会議行動計画)。

国連は第二回の「高齢化に関する世界会議」を二〇〇二年にスペインのマドリッドで開催し、高齢化の進む世界で人びとが直面する課題を整理した(マドリッド行動計画)。

高齢化は経済社会発展の成果である。人口増加状態から人口転換(第3章を参照)が進むと、期待寿命は高まり、少子高齢化現象が現れる。それは同時に保健や社会保障の必要性が高まってくることにほかならない。

社会の加齢と共に、高齢者をどう社会に統合するか、所得・生活保障を行ない、中長期の医療保健ケアを提供し、高齢者の知識や経験を社会の発展に役立てて、高齢者の老後を「目的意識と達成感で満たす努力」をしていくか、は新しい人類のチャレンジとなる。

図10に一九五〇～二〇五〇年間の世界での従属人口(高齢者+子ども)の推移を先進国、途上国別に示した。先進国では現在、五人の成年(生産年齢)人口が三人の従属人口を養っているが、これが二〇五〇年には一人が〇・九人を養う世界へと移行していく。

ところが、途上国でも高齢者の比率は一三％程度で小さいものの、子どもが五〇％を占めるために現在やはり五人の成人が三人の従属人口を扶養している。今後、途上国では、先進国の後を追って高齢化率は急速に高まり、子どもの比率は減少し、二〇五〇年時には一〇人が七人を養わねばならない。つまり、先進国ほどではないにせよ、従属人口の比率は今後数十年間にわたって増大していく。さきに述べた高齢者の社会統合の問題は、途上国でもそのまま提起されている。高齢化に伴う社会発展の問題は世界的な開発問題として現れてくることが見越されている。

以上の高齢化・少子化の要因を念頭に置いた上で、日本の人口ピラミッドの変化をみてみよう（**図11**）。一九五〇年時の人口ピラミッドは三角型をしていた。二〇〇五年のそれは、釣鐘型を超えて底辺が縮み、ひし形となっている。このピラミッドは二〇五五年になるとさらに下半分が縮み、高齢・超高齢層が最大となる、不安定な花びん型へと移行する。これは人類にとって未知の社会パターンである。わたしたちの社会がこのような方向へと動いていることを、わたしたちは認識する必要がある。

このような国際的認識に照らしたとき、日本での高齢者の現状はどうだろうか。これを雇用と所得・生活保障の面から考えてみよう。

日本を他先進国と比べたとき、最も目につくことは、日本では高齢者の就労率が高いということである。**表16**が示すように、六〇〜六四歳男性で働いているのは欧米では二人に一人程度だが、日本では七割が働き、六五〜六九歳でようやく二人に一人となる。この傾向は**図12**でも明らかである（**図13**が示すように、日本では女性の就労率は一般に低いが、高齢者では高くなる）。

図 11　日本の人口ピラミッドの変化(1950，2005，2055 年)

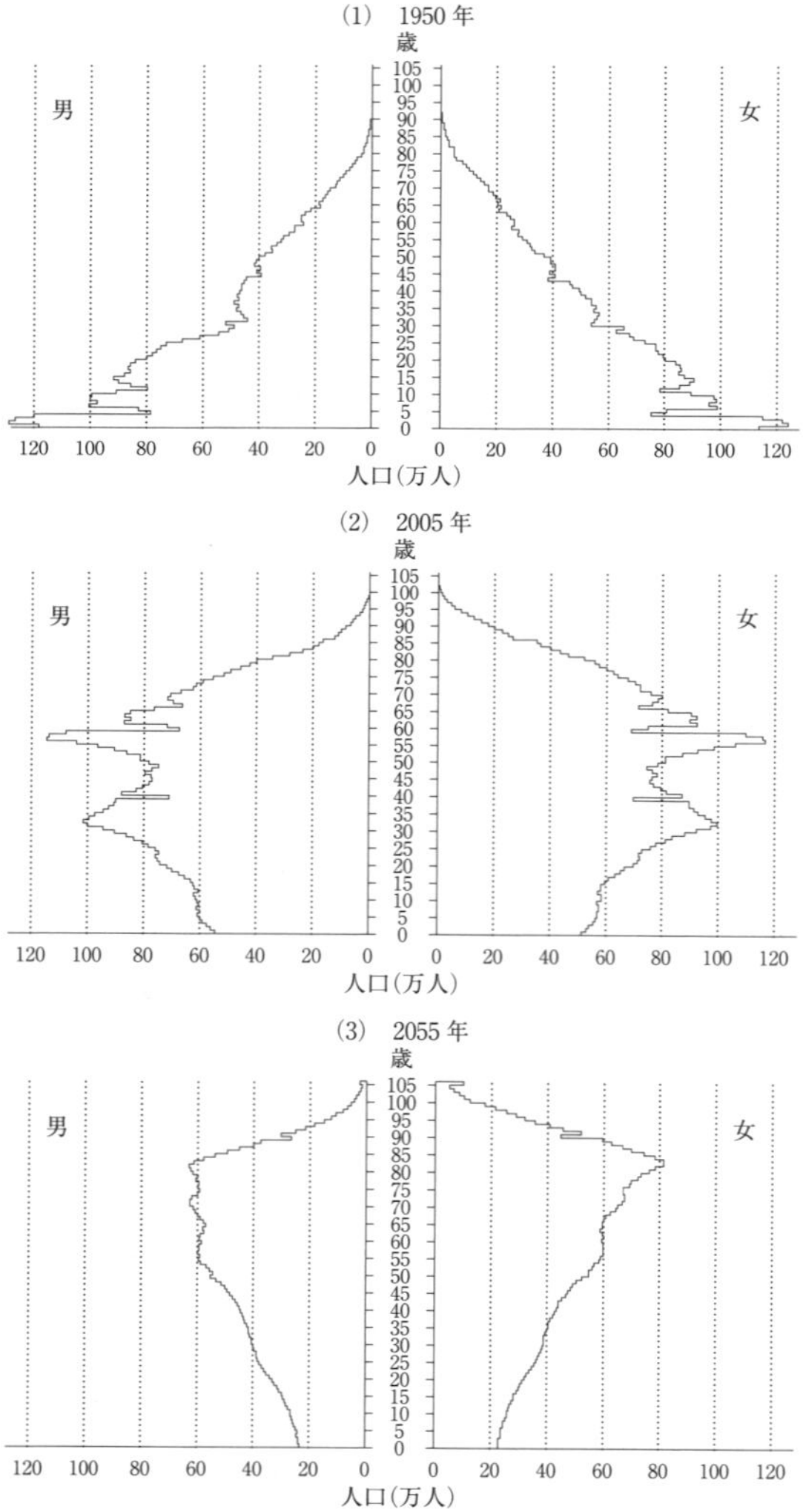

(出所)　国立社会保障・人口問題研究所「日本の将来推計人口」(2006 年 12 月).

表 16　高齢層の労働力率の国際比較　(%)

	アメリカ	カナダ	ドイツ	スウェーデン	日本※
男子					
60-64 歳	58.0	53.3	40.6	65.1	70.5
65 歳以上	19.8	12.1	5.0	―	46.3
女子					
60-65 歳	45.8	35.0	23.0	57.0	39.8
65 歳以上	11.5	5.0	2.1	―	24.0

(出所)　国立社会保障・人口問題研究所『人口の動向 日本と世界――人口統計資料集』2007 年版，表 8-4，8-6 より作成．
※　日本の「65 歳以上」は 65-69 歳．

この高い就労率にはいくつかの原因があろう。

一つには、日本特有の終身雇用制・年功賃金制と結びついて、労働への誘因が高いことがある。企業はしばしば定年後も、管理者には「天下り」、非管理者には「嘱託」などのかたちで、雇用を提供する。

第二には、この点と関連して、個人の生活が企業生活と重なる結果、他の社会的・地域的活動の選択肢が少ない。日本の非就労者の社会的ボランティア活動は近年増大しているものの、欧米諸国と比べるとまだ少ない。日本の勤労者にとって、社会とは何よりもまず「会社社会」だったのである。

第三には、年金制度に関連した生活問題がある。現在(二〇〇八年)、日本人の四人に一人が年金を受け取っており、高齢者世帯の所得の七割が年金収入である。またこれら年金受給世帯では、その六割が、年金収入だけで暮らしている(平成一八年度『厚生労働白書』)。

一九八五年、二〇〇四年の改正で、まず基礎年金制度が導入され、保険料負担と給付水準のバランス化等、高齢化時代に対応した持続可能な年金制度をめざして改革が行なわれている。だが、厚生年金

図 12　主要国の年齢別労働力率(男性，2005 年)

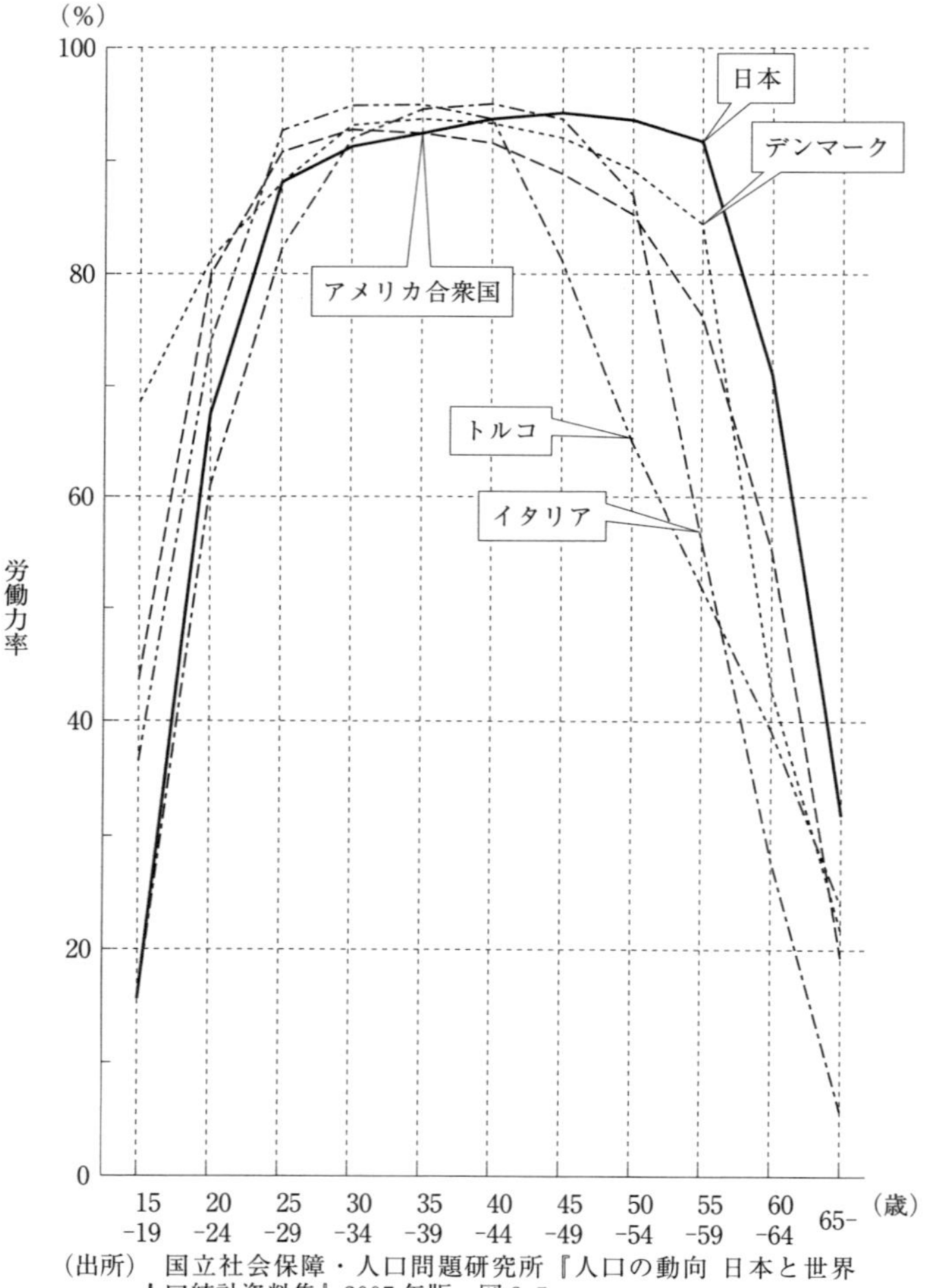

(出所)　国立社会保障・人口問題研究所『人口の動向 日本と世界 ──人口統計資料集』2007 年版，図 8-5.

図 13　主要国の年齢別労働力率(女性，2005 年)

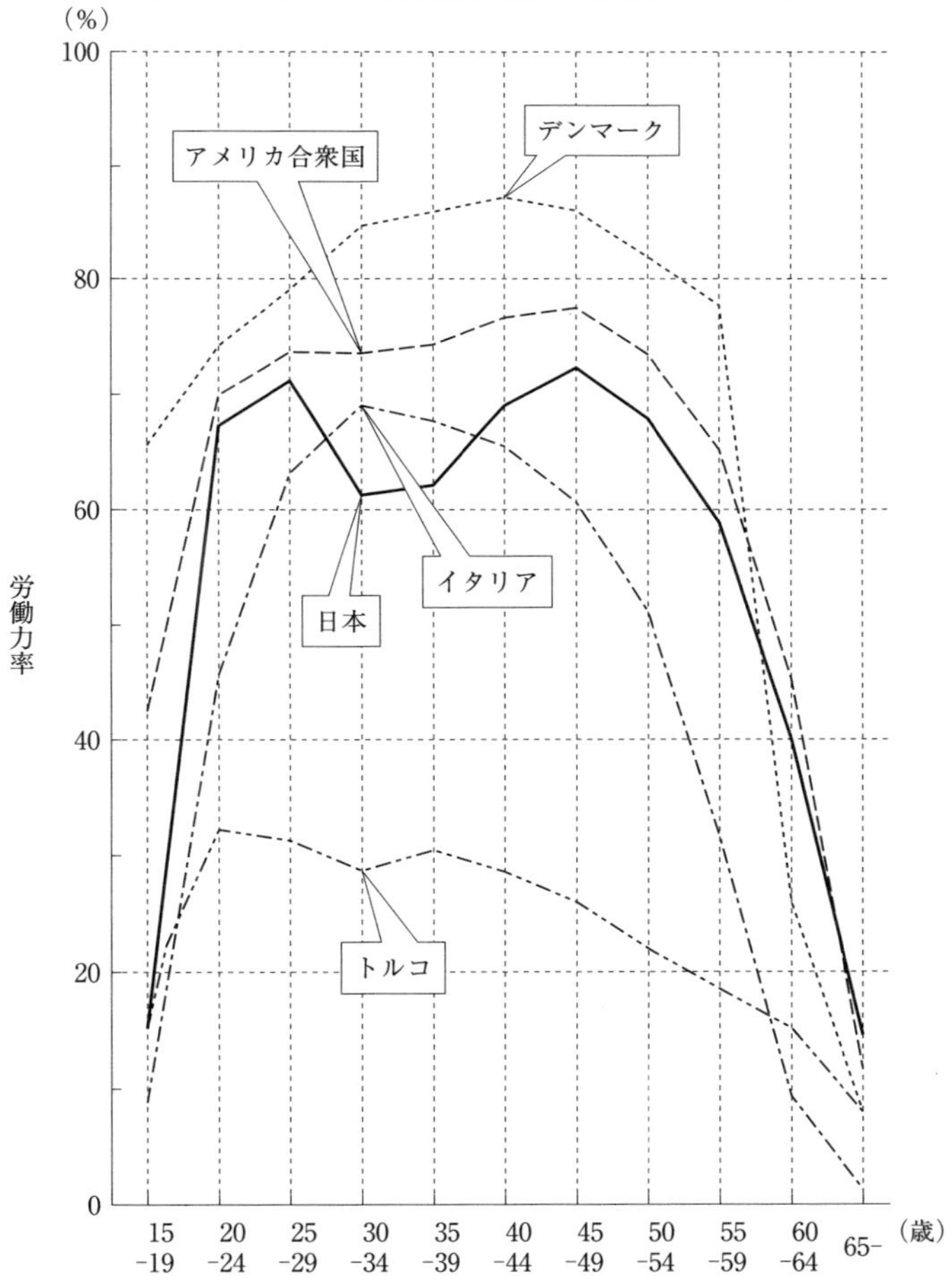

(出所)　図 12 に同じ.

と国民年金の間の負担程度の差(厚生労働省によれば、一九七五年生まれの人の例をとると、保険料の払込総額にたいする年金給付額の比率は、前者では二・四倍となるが、後者では一・八倍)、国民年金のみでは生活維持が困難であること、医療保険での負担率のひき上げ、そして年金財政でのずさんな管理等、国民にとっての不安は大きく、内閣府が行なっている「国民生活に関する世論調査」(二〇〇六年度)でも、実に二人に一人(五〇%)が悩みや不安の内容として「老後の生活設計」をあげている。日本人の老後生活はけっして安泰と考えられていない。これも、高齢者の就労意欲を高める要因といえよう。

第四には、核家族化が戦後急速に進展し、高齢者の子との同居率も顕著に下がった反面(一九六〇年の八二%から二〇〇五年の四五%へ)、社会的・地域的ケアや福祉サービスが必ずしも未だ高齢者にとって十分とはいえないことがあげられる。だがこの点では、ここ一〇年ほどの間に、地域活動やNPO活動が飛躍的に拡大しているので、高齢者の人生選択を多様化し、ワークライフバランス(仕事と家庭生活の間のバランスを図ること)を実現する要因として期待できる。

他方で、日本人の老後における自立意識はある程度高まっている。内閣府の「高齢者の生活と意識に関する世論調査」(二〇〇五年)によれば、「子どもと同居しており将来も同居する」は三一%、「現在同居していないが、将来は同居する」が一〇%、計四〇%であったのにたいし、「現在別居している」、または「将来は別居する」と答えた人は二四%であった。この別居志向は、二〇〇一年の一八%からふえている。こうした自立志向をベースとして、社会的・地域的に高齢者の活動を、社会と個人の双方にとって有意義に組みこみ伸ばしていく場を形成していくことが、今後の大きな社会的目標となるべきだろう。

このように考えるならば、一つには、「働く権利」と共に「引退する権利」を確立して、そのための手段を整備する必要がある。公共政策としては、一方では社会参加の機会の拡大、他方では社会的・地域的ケアと福祉サービスの充実化、と双方を組合わせて、中高齢者の労働市場の流動化、起業・就労・所得保障を進めていくべきである。重要なことは、高齢者の人生設計、選択の幅を広げて、社会に新たな活力を導入していくことである。年金制度の整備を考えると共に、さらにさまざまな社会的連帯にもとづいた生活保障を発達させていく必要があろう。

二〇〇〇年の介護保険導入以来、さまざまなシルバー・ビジネスも起こっているが、同時にこれら介護ビジネスの質の確保、介護ワーカーの養成、地域ケアとの連帯等、さらなる課題も生じている。

もちろん施設ケアの充実もひき続き進めていかなければならないが、日本の施設ケアではかなりの程度、せまい居住空間、プライバシーを欠いた生活、画一的な生活規律等、「生活の質」の改善の問題が依然として存在している（樋口恵子、堀田力『ドキュメント 介護――明日のあなたの物語』法研、介護労働安定センター『介護労働の現状』平成一六年版）。

これらと並んで今日、住民自身のイニシアチブや参加のもとで、福祉サービス活動の「もう一つの形態」が進展していることに注目したい。

日本の高齢者はもともと余暇や自由時間の使い方が不得手で、それが老人自殺死亡率が諸外国と比べていちじるしく高い一因といわれる。内閣府の調査によると、ＮＰＯやボランティア活動に参加している人は一割、今後参加したい人が五割いる(「国民生活選好度調査」二〇〇三年)。だがその反面、三人に二人(六六%)が「近所に生活面で協力し合う人がいない」と答えている(平成一八年度『厚生労働白書』)。日本人の多くは地域活動やボランティア活動をしたくても、実際には孤立しているようだ。もちろん、高齢者の「定年」後活動として、個人的趣味や「老人クラブ」的活動も活発に行なわれているにしても、それはしばしば高齢者を社会からむしろ隔離することにもなりかねない。そうではなくてむしろ、社会活動の不可分の要因として、高齢者と、異なる世代との共同の活動——それは経済的活動、文化的活動、あるいはボランティア活動を問わない——が繰りひろげられる場が必要なのである。

しかし、心強いことは近年、市民グループの自発的活動をきっかけにして、「互助組織型」や「協同組合型」、さらには市町村の社会福祉協議会が運営する「社協運営型」や、地方公共団体の支援による「福祉公社型」など、住民参加型の福祉サービスが広がっていることである。全国社会福祉協議会が把握しているボランティア数も一九八〇年の一六〇万人から二〇〇二年には七三九万人へとふえた。総務庁統計局は、一九九六〜二〇〇一年間にボランティア活動を行なった日本人は四四三万人ふえて三二六三万人に及んだと発表している(「社会生活基本調査」二〇〇一年)。二〇〇六年度『国民生活白書』は、国民の四人に一人がボランティア経験があると述べ、この数字を確認している。

福祉サービスの提供を住民参加と結びつけていく試みは、今後もっともっと支援されてよい。それは、高齢者をたんなる福祉サービスの「受給者」「消費者」から、その担い手の一員として位置づけていくことになるし、それはまた効率優先の社会の価値観を変えて、すべての人がごくふつうに共生していく社会の実現にもつながるからである。ボランティアの四割は主婦で、定年退職者は一〜六％なので、非営利的な社会活動・社会発展がこれら非ビジネス社会層によって担われていく可能性はますます高い。いずれにしても高齢者の自立が「孤立」とならないためには、社会的連帯の確立が不可欠であることを明記しておきたい。

ここで高齢化と女性の問題についてふれておきたい。

日本では（そして世界でも）六五歳以上人口における多数派は女性である（二〇〇六年に六五〜七四歳人口の五三％、七五歳以上人口の六三％）。女性は労働条件、年金制度等、就労・所得・生活保障の面で未だ男性に比べて種々の不利な取り扱いを受けている。また、女性は今日まで大きく家庭の中で高齢者介護の役割をひき受けてきている。日本の女性は海外諸国と比べると、二〇代後半から四〇歳前後にかけての労働力率の落ち込み（M字型曲線という）が大きいが（**図13**）、しかし同時にこのM字型労働力曲線は着実に上方にシフトしている。**図14**にみるように、二五〜二九歳層で、一九七〇年の四五％が一九九〇年には六一％、二〇〇五年には七二％に上昇している。つまり、この半世紀、日本でも、女性の社会的進出が進み、すべての生産年齢層において女性の就労意欲が増加しているのである。先に述べたマドリッド行動計画は、世界に共通した女性の労働力化現象に注意をうながし、「子育てを終えた女性の多くは、働いて収入を得たいという気持ちと年老いた両親や祖父母の世話をする責任の板ばさみになっている」と述べている。

いま重要なことは、「男性も含めて家族全体が高齢者の世話をする負担をひき受ける」（マドリ

図14　日本女性の年齢別労働力率（1970，1990，2005年）

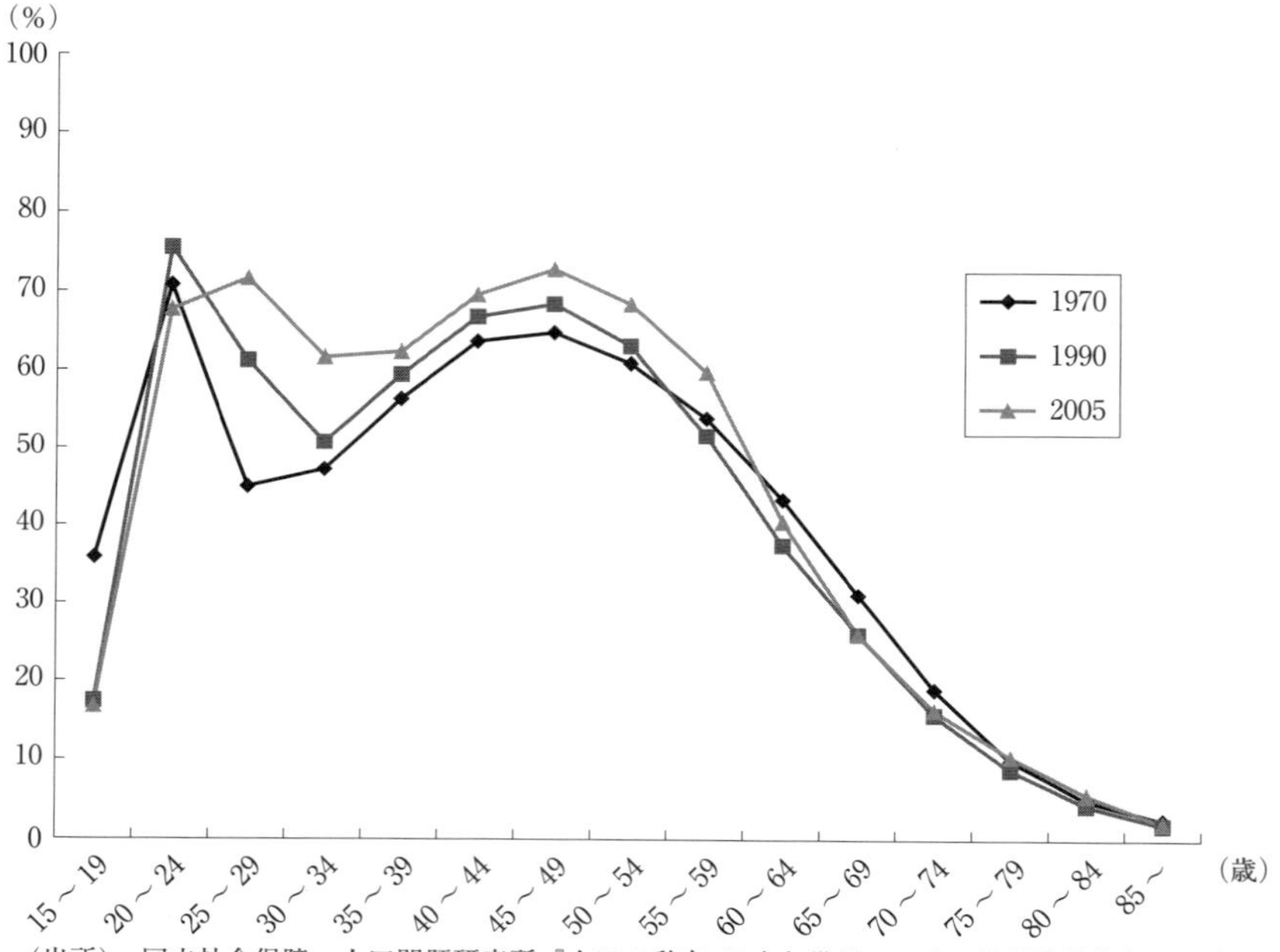

（出所）　国立社会保障・人口問題研究所『人口の動向 日本と世界――人口統計資料集』2007年版，図8-2より．

ッド行動計画）という価値観への転換、それを支える女性の就労保障のいっそうの展開、そのために必要な税制・年金制度の個人を基礎とした再編成である。

そして女性のいっそうの社会参画により高齢化問題の共有を進めるようなやさしい社会の実現は、実は障害者問題（日本の大企業の二社に一社が未だに法定雇用率の一・八%を達成していない）、若者のワーキングプア問題やニート問題（いまの日本におけるフリーター人口は二〇〇〇万人、一五～三〇歳のニート人口は六四万人に及ぶ）、増加しつつある外国人労働者の社会的統合問題等の解決を進めることになるのである。

女性の社会進出は進んだものの、家庭での高齢者介護が未だ女性の手に委ねられ、長命化と共に「超高齢者を高齢者が介護する」状況も現れている。

年金、就労、キャリア形成、非正規労働力の女性化、介護ケア等、男女共同参画社会基本法が一九九九年に成立してから一〇年が経過しようとする日本では、公共政策においても企業や市民社会の場でも、そして男女双方についても、名実共の男女共同参画社会の実現にいたるまでに、未だ取組まねばならない課題が多い。そして、本書ですでに述べたように、高齢化と少子化はセットの問題である。安定的な人口定常化のためには、女性が仕事と家庭とのバランスを保って生活できるような環境づくりが必要であるし、このような環境づくりには、行政と共に企業や男性の協力を欠かすことができない。つまり、男女双方がワーク(仕事)とライフ(生活)の間にバランスを保つような生活様式、ワークライフバランスの実現が、少子化問題への対応についても、高齢者問題への取組みについても、欠かすことができない。

日本人が少子化・高齢化への取組みをつうじて、人間らしい生活、人間らしい社会をとり戻すことは、これから高齢化社会に入っていくアジア、そして世界の途上国にとってもよき先例となるにちがいない。

むすびに

二〇世紀後半からの一世紀間に、地球の人口はかつてない増大をとげる。この時期に、世界人口は二五億人から一〇〇億人へとほぼ四倍にふえるとみられるが、二一世紀初めの三五年の間にも、六〇億人から八五億人へと四割ふえる。

この短い期間での急速な人口動態の変化はさまざまな問題を生み出す。すなわち、先進工業地域では、人口の高齢化、中高齢層の失業、高齢層と生産年齢層間の世代的連帯、移民・難民の受入れ、そして女性の解放、等である。

また、発展途上地域では、食料問題の激化、土地への圧力、都市化、教育需要の増大、新規雇用にたいする圧力、家父長制の解体などである。そして南北両地域をつうじて、人口と経済成長の追求は、地球環境に大きな圧力を及ぼし、すでに気候変動や災害の増加等、人類社会に深刻な影響を及ぼし始めた。

南の地域を中心とした人口急増はいくつかの理由をもつ。一つは、一九三〇年代以降に急速に伸長した人権意識のもとで、衛生・技術革命が普及し、死亡率が低下したことが、人口の増加をもたらしている。

他方では、一九世紀以降確立した国際分業体制の修正が二〇世紀後半の民族独立、七〇年代の新国際経済秩序により進み、南の諸国が自国資源を用いて工業化、近代化を進め、より多くの人口を養えるようになっている事情がある。ここから食料、土地、資源について地球規模での民族紛争も始まった。南北双方をつうじた資本蓄積の進展のもとで、土地から遊離する人口も著しくふえた。この人口は必ずしも工業化、いまの経済社会体制では吸収できず、世界的な人口移動、都市の膨張がもたらされている状況がある。

このような世界的な人口増加は、「過剰人口」をたんに人口と資源のバランスの破れによる、とするマルサス理論でも、また、資本の蓄積が絶えず国内で労働予備軍をつくり出す、とするマルクス理論でも、説明できない面がある。

つまり、世界的規模での資本の蓄積、高成長が、生産力を高め、かつては想像することもできなかった規模の人口を養うことができるようになったことから、北の世界では少子化・高齢化が進んだ。また、南の世界では近代化、工業化をつうじて、絶えず「過剰化」する膨大な人口が必ずしも有効に雇用できず、そこから世界的規模で土地や資源・環境にたいする圧力が急激に高まっている、とみるべきである。

一九世紀ヨーロッパでは、近代化と経済成長に伴う多数の無産層の出現は、海外支配をつうじた工業化と新大陸への移民によって、吸収された。しかし二〇世紀後半の南の世界では、海外支配も「新大陸」移動の道もかつてのような形では存在し得ない。

こうして、今日では途上国から労働力不足の先進国への大量出稼ぎ労働が一般化するようになっているが、それは一方では旧来の国民国家の枠をくずして地球的問題をクローズアップさせると同時に、他方では国際的にも国内的にも非合法移民や人種差別等、さまざまの社会問題を生み出している。

しかし、今日の世界の人口問題はたんに人口抑制によって解決できる問題ではなくなっている。それは人口問題が何よりもまず世界的規模で人権問題として出現しているからであり、それと同時に、国際的にも国内的にも資源分配問題としての側面を強めているからである。

また、日本を含む先進国での行き過ぎた少子化は、アフリカや最も開発の遅れた途上国（LDC）での人口増加と同じく、女性にたいする差別に根差していると考えられる。つまり、北では仕事と家事の両方を担当する女性にとって子どもが産みにくくなっている事情があるし、南では貧困やそれに結びついた家父長主義によって、女性が「子どもを産む道具」としかみなされていない環境が続いている。南北双方の人口問題を解決するためには、女性の人権尊重の意識を高めていくことが必要だとの認識も、国際社会の常識になりつつある。

このように南北双方で、また世界的規模で、女性やいまの経済社会システムの中で社会的弱者とされている人びとの人権が強められ、経済成長や効率重視の考えかたから解放され、より人間と環境、世代間の連帯、仕事と生活のバランスを重視していくとき、二一世紀の後半にかけて、世界人口の静止化が実現する可能性はきわめて高い。世界が定常人口、定常社会の方向にむかうとき、そこでの個々の人間の人権は飛躍的に強まり得るだろう。

だが、これとは反対に、これまで先進地域で一般的だったような資本蓄積と生産最優先の経済社会システムがグローバリゼーションの下で存続するとき、南での急速な人口増加テンポは、土地・資源・雇用にたいする圧力を高め、世界随所で紛争を増加させることになる。現在アジアのいくつかの大国の成長と台頭と共に、そのような兆候も現れてきている。また、北での急速な高齢化テンポは、この地域での社会保障、失業、財政問題等を激化させることになろう。

今日の世界的な人口問題の進展の中で、日本の占める役割はきわめて重要となっている。今日、日本が急速な高齢化テンポに際して、従来の生産優先社会から、人権優先社会への転換をうまく達成し得るならば、それは、日本と同様の人口転換に直面している多くの途上国に大きな、好ましいインパクトを及ぼし得るだろう。

すでにグローバリゼーションの中で、これまで日本の経済成長、「生産優先社会」を担ってきた大企業は海外に事業を移転している。少子高齢化の日本で、貧困やジェンダーや中央と地方の格差はかえって広がり、ワーキングプアや非正規雇用者など、新たな「社会的弱者」がつくられ始めている。国内で人権問題が悪化するとき、日本は資源争いや自衛隊の海外派兵等、世界的な紛争増大の波にのみこまれかねない。

今日の世界的な人口問題の高まりは、日本人が自分の身の回りをふりかえってみるための、よい機会でもある。日本の少子高齢化問題はわたしたちがつくってきた経済社会システムの鏡にほかならないのだ。わたしたち一人ひとりは重大な選択に直面しているといえる。

わたしたちが、自分の周囲の個々の人間の人権をより尊重し、生活の質の向上にどれだけ敏感であるか否か――こうした問いにわたしたちがどれだけ答え得るか、そこから二一世紀型人口問題の解決への一歩が始まるのである。

西川 潤
早稲田大学名誉教授．専門は国際経済学．1936 年，台湾台北市生まれ．1959 年，早稲田大学第一政治経済学部卒業．1966 年，パリ大学高等学術研究院卒業．1968 年，早稲田大学大学院経済学研究科博士課程修了．早稲田大学政治経済学部教授等を経て現職．これまで，国連研修所(ニューヨーク)，ラサール大学(マニラ)，パリ第一大学，フランス社会科学高等研究院，北京大学，チュラロンコーン大学(タイ)，パリ国立政治学院，ポートランド州立大学等の客員教授を歴任．著書に，『世界経済入門 第 3 版』(岩波新書)，『人間のための経済学――開発と貧困を考える』(岩波書店)，『東アジア共同体の構築 第 3 巻 国際移動と社会変容』(共編，岩波書店)，『仏教・開発・NGO』(共編著，新評論)，『アジアの内発的発展』(編著，藤原書店)など多数．

データブック 人口　　岩波ブックレット 733

2008 年 7 月 8 日　第 1 刷発行

著 者　西川《にしかわ》 潤《じゅん》

発行者　山口昭男

発行所　株式会社 岩波書店
〒101-8002 東京都千代田区一ツ橋 2-5-5
電話案内 03-5210-4000　販売部 03-5210-4111
ブックレット編集部 03-5210-4069
http://www.iwanami.co.jp/hensyu/booklet/

印刷・製本　法令印刷　　装丁　副田高行

ISBN 978-4-00-009433-7　　Printed in Japan